KB189806

니체가 말하는,
버려야 할 것과 버텨야 할 것

니체가 말하는,

버려야 할 것과 버텨야 할 것

제이한(J.Han) 지음

불안을 넘어 단단한 나를 만드는 법

**"타인의 기준에서 벗어나,
나만의 삶을 선택하라."**

- 프리드리히 니체 -

당신은, 과거의 낡은 가치에 머물겠습니까,
아니면 새로운 삶을 창조하겠습니까?

들어가며

우리는 태어나는 순간부터 '옳고 그름'에 대한 기준을 배웁니다. 착하게 살아야 한다, 안정적인 직업을 가져야 한다, 남들과다르게 행동하면 위험하다는 말들이 우리를 둘러싸고 있습니다.이 기준들은 우리가 스스로 선택한 것일까요? 아니면 사회가 만들어 놓은 틀 속에서 주어진 삶을 따라가고 있는 것일까요?

니체는 이렇게 말합니다.

"죽어가는 것들은 모두 거짓말을 한다."

그가 말하는 '죽어가는 것들'이란 낡은 도덕, 기존 가치, 종교적믿음, 그리고 사람들이 맹목적으로 따르는 사회적 규범을 의미합니다. 이미 생명력을 잃었음에도 불구하고, 이러한 가치들은 여전히 '절대적 진리'라는 이름으로 우리의 사고와 행동을 제한하고 있습니다. 우리는 그것이 정답이라고 믿고 따르지만, 실은 우리가 선택한 것이 아니라 강요받은 것일지도 모릅니다.

그러나 니체는 단순히 기존 가치를 부정하는 철학자가 아닙니다. 그는 무엇을 버티고, 무엇을 버려야 하는지를 고민해야 한다고 말합니다. 우리는 흔들리는 삶 속에서 때로는 버텨야 하고, 때로는 내려놓아야 합니다. 하지만 무엇을 버텨야 하며, 무엇을 버

5

려야 하는지를 구별하는 것은 쉽지 않습니다.

버려야 할 것은 우리를 옭아매는 낡은 가치들입니다. 니체는 기존 도덕과 종교, 사회적 규범이 인간을 나약하게 만들며, 우리가 스스로 가치를 창조하지 못하도록 한다고 말합니다. 우리는 '착하게 살아야 한다', '안정적인 삶이 최선이다', '남들과 다르면 위험하다'는 식의 사고방식에 익숙합니다. 그러나 이러한 가치는 더 이상 우리를 성장하게 만들지 못합니다. 우리가 해야 할 일은 사회가 강요한 틀을 깨고, 자기 자신만의 기준을 세우는 것입니다.

반대로, 버텨야 할 것은 자기 자신입니다. 세상이 흔들어도 쉽게 무너지지 않는 가치관과 삶의 중심을 가져야 합니다. 우리는 타인의 기대 속에서 살아가지만, 스스로를 지키지 못하면 결국 아무것도 남지 않습니다. 니체는 우리에게 "너 자신이 되어라"라고 말합니다. 진정한 자기 자신이 된다는 것은 하고 싶은 대로 사는 것이 아니라, 자신만의 가치와 기준을 지켜내는 것을 의미합니다.

이 책은 니체의 철학을 단순히 해설하는 것이 아닙니다. 니체의 사상을 통해 현실에서 어떤 가치를 지켜야 하고, 어떤 기준에서 벗어나야 하는지를 찾도록 돕기 위해 기획되었습니다.

1부에서는 기존 가치들이 어떻게 만들어졌으며, 왜 더 이상 유효하지 않은지를 살펴봅니다. 2부에서는 기존 틀을 넘어 새로운 삶을 창조하는 방법을 탐구합니다. 마지막으로 3부에서는 자기 삶을 다시 정의하고, 나아가 세상에 새로운 의미를 부여하는 실천법을 제시합니다.

자, 이제 선택은 당신에게 달려 있습니다.

과거의 낡은 가치에 머물겠습니까, 아니면 새로운 삶을 창조하겠습니까?

니체의 조언을 통해 당신의 삶을 설계할 준비가 되었습니까?

그렇다면, 지금부터 시작해봅시다.

목 차

◇◇◇◇◇◇◇◇◇◇◇◇◇◇◇◇◇◇◇◇◇◇◇◇

6장. 영원회귀의 도전

3부

재정립: 더 강한 나를 만들다

7장. 힘에의 의지

8장. 새로운 가치를 세우다

1부

통찰

: 새로운 시선으로 삶을 바꾸다

새로운 시선으로 세상을 바라보다

사람들은 세상을 있는 그대로 보고 있을까? 아니면 타인의 시선과 사회적 관습이 만든 틀 속에서 바라보고 있을까? 니체는 우리가 '진실'이라 믿는 것들에 의문을 던지는 것이야말로 새로운 사고의 출발점이라고 말한다. 당연하게 여겨온 가치와 도덕이 정말 우리에게 필요한 것인지, 아니면 단순히 우리를 억압하는 역할을 하고 있는지 스스로 질문해야 한다.

우리는 성장하면서 선과 악, 옳고 그름, 정의와 불의 같은 개념을 절대적인 기준처럼 받아들인다. 그러나 니체는 이러한 가치들이 이미 생명력을 잃고도 지속되는 '죽어가는 것들'이라고 지적한다. 그리고 그것들은 조용히 사라지지 않는다. 오히려 자신의 죽음을 인정하지 않기 위해 거짓을 내세우며 인간을 지배하려 한다. 기독교적 윤리와 전통적 도덕은 인간 본능을 억누르고, 겸손과 희생을 미덕으로 포장하며 복종을 강요해 왔다. 우리는 정말 그러한 가치들이 필요하기 때문에 따르는 것인가? 아니면 익숙함 때문에 의심 없이 받아들이는 것인가?

새로운 시선으로 삶을 바꾼다는 것은 단순히 기존 가치를 부정하는 것이 아니다. 그것은 더 깊은 질문을 던지고, 스스로 삶의 기준을 만들어가는 과정이다. 우리는 무엇을 믿고 살아야 하는가? 그 신념이 정말 우리 삶을 나아지게 만드는가? 니체는 더 이상 '외부의 기준'에 따라 살지 말라고 말한다. 종교와 사회가 부여한 절대적 진리에서 벗어나, 자기 자신을 기준으로 삼아 삶을 창조해야 한다고 강조한다.

기존 가치가 무너질 때 허무주의의 위기가 찾아올 수도 있다. 모든 것이 무의미하게 느껴지고, 확신의 기준이 사라지는 불안을 경험할 것이다. 그러나 니체는 그 순간이야말로 새로운 삶을 시작할 기회라고 본다. 익숙한 틀을 벗어나 스스로 의미를 창조할 때, 우리는 더 강한 존재가 된다. 이제는 타인의 가치가 아니라, '내가 진정으로 원하는 삶'을 찾아야 한다. 기존의 믿음을 그대로 따를 것인가, 아니면 질문을 던지고 새로운 의미를 만들어갈 것인가? 선택은 우리에게 달려 있다.

1장

익숙한 틀을 깨고 본질을 마주하라

죽어가는 가치에서 벗어나기
(기존 가치의 붕괴와 도덕의 위선)

"기존 가치가 우리를 속이고 있다."

우리가 따르는 도덕과 가치는 정말로 절대적인 것인가? 니체는 『도덕의 계보』에서 도덕이 단순한 신념이 아니라, 특정한 권력 관계 속에서 형성된 것임을 폭로한다. 이처럼 오랫동안 사회는 겸손과 복종을 미덕으로 삼고, 인간의 본능과 욕망을 억누르는 도덕을 만들어왔다. 그것은 강한 자들이 만든 것이 아니라, 약한 자들이 자신의 나약함을 정당화하기 위해 만들어낸 체계였다. 이제 우리는 질문해야 한다. 우리가 믿고 있는 것은 정말 우리의 것인가, 아니면 누군가가 만들어낸 굴레인가?

죽어가는 가치는 조용히 사라지지 않는다. 오히려 그것들은 마지막까지 자신의 정당성을 주장하며, 인간의 삶을 계속해서 억압하려 한다. 종교적 도덕, 사회적 규범, 전통적 믿음은 '선'과 '정의'를 표방하지만, 실상은 인간의 본능과 자유를 억누르고 나약함을 정당화하는 위선적 구조로 작동한다. 우리는 그것들을 마치 절대적이고 보편적인 진리로 인식하지만, 사실 그것들은 특정한 시대적·사회적 맥락 속에서 만들어진 산물일 뿐이다. 니체는 우리가 믿고 따르는 가치들이 과연 누구를 위한 것이며, 그것이 정말 우리를 자유롭게 하는 것인지 질문해야 한다고 강조한다.

도덕은 정말 선한 것인가?

니체는 『도덕의 계보』에서 기존의 도덕 체계를 '주인의 도덕'과 '노예의 도덕'으로 구분한다. 주인의 도덕은 강한 자들이 자신의 힘과 창조적 에너지를 기반으로 스스로 가치를 창조하는 태도를 반영한다. 반면, 노예의 도덕은 약한 자들이 자신들의 나약함을 정당화하기 위해 만들어낸 가치 체계로, 자기희생과 복종을 미덕으로 삼으며 강한 자들을 악으로 규정하는 방식으로 작동한다. 이는 도덕적 우월성을 내세우면서도 실제로는 강한 자들을 억압하고 인간의 본능을 부정하는 기제로 기능한다.

이러한 노예의 도덕은 오랜 시간 동안 사회적 규범으로 자리 잡으며, 인간이 자신의 힘과 욕망을 부정하도록 유도해 왔다. 특히 기독교적 도덕은 인간의 욕망을 죄악시하고, 겸손과 순종을 강조하며, 현실의 삶보다 내세의 구원을 추구하도록 만든다. 니체는 『즐거운 학문』에서 **"신은 죽었다. 신은 영원히 죽었다"**라고

19

선언하며, 기존의 종교적 믿음이 더 이상 절대적 권위를 가질 수 없음을 강조한다. 그러나 종교적 도덕은 단순히 사라지지 않고 새로운 형태로 남아 여전히 우리의 사고를 제한하고 있다.

죽어가는 가치에서 벗어나야 하는 이유

니체는 이러한 죽어가는 가치들이 결국 인간을 허무주의로 몰아넣는다고 경고한다. 왜냐하면 기존 가치가 붕괴할 때, 우리는 무엇을 믿어야 할지 모르게 되며, 모든 것이 무의미하다는 감각에 빠지기 쉽다. 그럼에도 불구하고 니체는 이 허무를 두려워할 것이 아니라, 오히려 이를 극복하고 새로운 가치를 창조하는 계기로 삼아야 한다고 말한다. 그는 『차라투스트라는 이렇게 말했다』에서 **"너희는 죽어가는 것들과 함께 사라질 것인가, 아니면 새로운 가치를 창조할 것인가?"**라고 묻는다. 허무주의는 인간이 반드시 넘어야 할 필연적 과정이며, 이를 극복할 때 우리는 더 강하고 창조적인 존재로 거듭날 수 있다.

기존 가치의 거짓을 걷어내고, 스스로의 힘으로 새로운 가치를 창조하는 것이야말로 삶의 주인이 되는 길이다. 우리가 지금까지 당연하게 받아들였던 가치들이 과연 우리를 성장시키고 자유롭게 하는지, 아니면 오히려 우리를 억압하고 있는지를 끊임없이 질문해야 한다. 니체는 우리가 죽어가는 가치에서 벗어나지 않는 한, 진정한 자유와 충만한 삶을 누릴 수 없다고 강조한다.

"낡은 가치와 함께 사라질 것인가, 아니면 새로운 삶을 창조할 것인가?"

이제 선택은 당신에게 달려 있다.

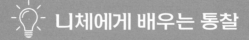

니체에게 배우는 통찰

---------- **"** ----------

"죽어가는 것들은 모두 거짓말을 한다."

📖 『차라투스트라는 이렇게 말했다』중에서

---------- **"** ----------

　니체는 기존의 도덕과 가치가 이미 생명력을 잃었음에도 불구하고, 마지막 순간까지 거짓된 모습으로 남아 인간을 속이고 억압하고 있음을 경고한다. 우리는 오래된 도덕과 규범을 절대적인 진리처럼 받아들이지만, 그것들은 과연 우리를 자유롭게 하는가? 당신이 지금 따르는 도덕과 가치는 정말 살아 있는가, 아니면 죽어가는 것들의 거짓말인가?

---------- **"** ----------

"그대는 과거의 무덤 속에 머무를 것인가?"

📖 『즐거운 학문』중에서

---------- **"** ----------

　기존 가치에 안주하는 삶은 안전해 보이지만, 그것이 반드시 더 나은 삶을 보장하는 것은 아니다. 니체는 우리가 변화의 가능

성을 외면하고, 낡은 가치에 의존하는 한 새로운 삶을 창조할 수 없다고 강조한다. 과거의 기준과 규범에서 벗어나지 않는다면, 우리는 스스로의 가능성을 제한하게 된다. 당신은 과거의 무덤 속에서 안주할 것인가, 아니면 새로운 가치를 창조할 것인가?

―― " ――

"오래된 신념을 의심하라. 모든 진리는 한때 오류였다."

📖 『인간적인, 너무나 인간적인』중에서

―― " ――

우리가 절대적이라고 믿는 도덕과 가치는 본래 특정한 시대적 필요에 의해 만들어진 것이다. 니체는 기존의 신념을 의심하고, 그것이 우리를 억압하는지 자유롭게 하는지 스스로 점검해야 한다고 말한다. 지금 당신이 옳다고 믿는 것은 정말 당신이 선택한 것인가, 아니면 과거의 흔적이 만든 틀인가?

도덕의 진짜 얼굴을 알라
(노예의 도덕과 주인의 도덕)

우리는 선과 악을 절대적인 개념으로 받아들이며 살아간다. 어떤 것은 옳고, 어떤 것은 그르며, 그것을 판단하는 기준은 변하지 않는다고 믿는다. 하지만 니체는 『도덕의 계보』에서 이러한 믿음이 오랜 시간 동안 형성된 사회적 산물일 뿐이라고 주장한다. 도덕은 특정한 시대와 권력 관계 속에서 형성된 것이며, 절대적인 기준이 아니라 인간이 만든 가치 체계에 불과하다는 것이다.

니체는 도덕을 주인의 도덕과 노예의 도덕으로 나누어 설명하고 있으며 이 도덕 체계는 인간이 세상을 바라보는 방식뿐 아니라, 자신의 삶을 어떻게 살아가는가에 대한 태도 자체를 결정짓는다고 말한다.

주인의 도덕

주인의 도덕은 강한 자들의 도덕이다. 여기서 강함이란 단순히 육체적 힘을 의미하는 것이 아니라, 자기 삶을 스스로 개척하는 능력을 뜻한다. 주인은 외부의 평가에 휘둘리지 않고, 자신의 가치를 스스로 창조하는 존재이며 삶을 긍정하고, 자신의 본능과 욕망을 억누르지 않는다. 오히려 자신의 힘과 가능성을 적극적으로 펼치며, 능동적으로 세상을 변화시켜 나간다.

주인의 도덕에서는 용기, 창조성, 자기 긍정이 핵심 미덕으로 여겨진다. 자신이 가진 힘을 두려워하지 않고, 자신의 신념과 가치를 직접 만들어가며. 타인의 시선이나 사회적 규범에 의존하는 것이 아니라, 스스로 삶의 기준을 설정하고 그것을 실천한다. 바로 그것이 주인의 태도이며 그는 강하기 때문에 선하고, 자신의 삶을 주체적으로 살아가기 때문에 가치 있는 존재가 된다.

노예의 도덕

노예의 도덕은 약자가 자신의 나약함을 정당화하기 위해 만들어낸 도덕이다. 노예는 강자의 힘을 두려워하고, 억눌린 감정을 도덕적 우월성으로 포장하며, 복종과 겸손을 미덕으로 삼고, 강한 자를 '악'으로 규정하며 자신을 '선'으로 정의한다.

노예의 도덕은 원한(ressentiment)에서 비롯된다. 원한이란 약자가 강자에게 느끼는 억압된 감정이 쌓이면서 형성되는 태도로 노예는 자신이 강해질 수 없기 때문에, 강한 자를 공격하는 방식으로 자신의 존재를 정당화한다. '나는 힘이 없지만, 겸손하기 때문에 더 도덕적이다.' '나는 능력이 부족하지만, 희생적이기 때문에 더 고귀하다.' 이러한 사고방식은 결국 나약함을 미덕으로 둔 갑시키고, 사람들을 자기 극복이 아닌 자기 정당화의 길로 이끌어 간다.

니체는 기독교적 가치관이 노예의 도덕의 대표적인 형태라고 지적하며. 기독교는 겸손, 자기희생, 금욕을 이상화하고 인간의 본능을 죄악시하며 인간이 본능적으로 추구하는 욕망을 억압하고, 고통을 참고 견디는 것이 선이라고 가르친다. 하지만 니체는 이러한 도덕이 인간을 무력하게 만들고, 삶의 에너지를 앗아가는 방식으로 작용한다고 비판한다. 결국, 노예의 도덕은 개인이 자율적인 존재로 성장하는 것을 방해하고, 복종과 희생을 강요하며 인간을 더욱 나약하게 만든다.

노예의 도덕에서 벗어나, 자기 가치를 창조하라

우리는 어떻게 이 도덕적 허구를 극복할 수 있을까? 니체는 단순히 기존의 도덕을 부정하는 것을 넘어, 자기만의 도덕과 가치를 창조하는 능동적인 태도를 가져야 한다고 강조한다.

"너 자신의 가치를 창조하라. 그것이 너의 자유이며 운명이다."
니체는 우리가 외부의 기준에 따라 살아가는 것이 아니라, 스스로의 삶의 방향을 정하고 자기 가치를 세워야 한다고 말한다.

주어진 규범을 맹목적으로 따르는 것이 아니라, 삶을 긍정하고 자신의 본능과 의지를 온전히 표현하는 것이 중요하다. 이것이 바로 초인(Übermensch)이 추구하는 태도이며, 노예의 도덕을 넘어서야만 우리는 진정한 자유를 얻을 수 있다.

도덕은 단순한 윤리적 문제가 아니다. 그것은 우리가 삶을 대하는 태도를 결정한다. 노예의 도덕에 머물러 타인의 기준에 따라 살아갈 것인가, 아니면 주인의 도덕을 선택해 자기 삶을 창조할 것인가?

니체는 우리에게 이 질문을 던진다.

"나는 어떤 가치를 따르고 있는가? 그것은 나의 의지와 본능에 충실한가, 아니면 사회가 정한 기준에 의해 형성된 것인가?"

이 질문을 던지는 순간, 우리는 더 이상 기존의 도덕을 무비판적으로 받아들이지 않고, 적극적으로 새로운 가치를 창조하는 존재가 될 수 있다.

☀ 니체에게 배우는 통찰

"
"그대는 선을 선택하는가,
아니면 단지 강해질 용기가 없는가?"
📖『도덕의 계보』중에서
"

우리는 도덕을 기준으로 행동을 결정하지만, 때로 그것이 도덕적 신념 때문인지, 아니면 강해질 용기가 없기 때문인지 생각해 보아야 한다. 니체는 기존 도덕이 단순한 윤리적 명령이 아니라, 강한 자를 억압하고 약한 자를 보호하기 위해 만들어진 것이라고 폭로한다. 과연 우리가 믿어온 도덕은 더 나은 삶을 위한 것인가, 아니면 나약함을 미덕으로 둔갑시킨 것인가? 당신은 스스로의 힘을 긍정할 용기가 있는가?

"
"강함을 두려워하는 자, 그는 이미 노예가 되었다."
📖『도덕의 계보』중에서
"

니체는 강함과 약함을 도덕적 기준으로 나누는 것이 잘못

28

된 신념에서 비롯되었다고 말한다. 우리는 강한 자를 '위협적인 존재'로 여기고, 약한 자를 '도덕적으로 우월한 존재'로 간주하는 경향이 있지만, 그것은 단지 힘의 균형을 바꾸려는 원한(ressentiment)에서 비롯된 것이다. 강해질 용기를 가져야 한다. 강함은 악이 아니라, 삶을 긍정하는 힘이다.

그렇다면 당신은 강해지는 것을 두려워하고 있지는 않은가? 혹시 지금의 도덕이 당신의 가능성을 가로막고 있지는 않은가? 이제는 스스로에게 물어야 할 때다. 진정한 강함이란 무엇인가?

—— **"** ——

"그대가 두려워하는 것은 강함이 아니라, 변화다."

📖 『차라투스트라는 이렇게 말했다』 중에서

—— **"** ——

약한 자는 강한 자를 두려워하는 것이 아니라, 자신이 변화해야 한다는 사실을 두려워한다. 니체는 우리가 기존의 도덕적 틀에 안주하는 것은 결국 변화의 불안을 피하려는 자기기만이라고 보았다. 당신이 지금 따르는 도덕이 정말 당신을 강하게 만드는가, 아니면 당신을 제한하고 있는가?

선악을 뛰어넘는 자유

(『선악의 피안』에서 찾는 새로운 가치)

우리는 흔히 선과 악이 명확히 나뉘어 있으며, 그것이 보편적인 진리라고 믿는다. 하지만 니체는 선과 악이 절대적인 것이 아니라, 시대와 사회가 만들어낸 산물일 뿐이라고 주장한다. 그는 『선악의 피안』에서 기존의 도덕 체계가 인간의 창조성을 억누르고, 삶을 제한하는 방식으로 작동해 왔다고 지적한다. 따라서 기존 도덕의 틀을 넘어서 새로운 가치를 창조해야 한다.

기존 도덕은 강자의 힘과 독립성을 악으로 규정하고, 약자의 복종과 희생을 선으로 여긴다. 이러한 도덕적 이분법은 단순한 규범이 아니라, 특정한 사회적 세력이 권력을 유지하기 위한 수단으로 기능한다. 강한 자가 자신의 능동적인 삶을 살지 못하도록 억압하고, 약한 자가 순응하도록 만드는 것이 기존 도덕의 본질이다. 우리는 그것을 '선'이라 부르지만, 사실은 사회가 우리에게 강요한 가치일 뿐이다.

니체는 이러한 도덕적 판단이 절대적인 기준이 될 수 없다고 강조하며, **"우리는 기존의 선악 개념을 넘어야 한다"**고 주장한다. 이를 위해 그는 '가치의 전환(Umwertung aller Werte)'을 제시하며, 기존 도덕의 굴레에서 벗어나 새로운 가치를 창조할 것을 요구한다. 기존 도덕이 삶을 제한하고 부정하는 방식으로 작동했다면, 새로운 가치는 삶을 긍정하고, 인간의 창조적 에너지를 강화하는 방향으로 설정되어야 한다.

이 과정에서 중요한 것은 단순히 기존 가치를 거부하는 것이 아니라, 그것을 극복하고 자신만의 가치 체계를 세우는 것이다. 많은 사람들이 기존 도덕을 부정하는 것만으로 자유를 얻을 수 있다고 착각하지만, 니체는 그것만으로는 충분하지 않다고 말한다. 기존의 도덕을 넘어 스스로 가치를 창조하는 존재가 되어야 한다. 니체는 이를 '자유로운 정신(freier Geist)'이라고 부르며, 자유로운 정신을 가진 사람만이 기존 도덕의 틀에서 벗어나 진정한 삶을 살아갈 수 있다고 말한다.

오늘날 우리는 여전히 도덕적 기준에 의해 평가받고, 사회적 규범 속에서 행동을 규제받는다. 우리는 '선'이라 불리는 것들을 무비판적으로 받아들이고, '악'이라 규정된 것들을 배척하도록 길러진다. 그러나 니체의 철학에 따르면, 우리는 스스로에게 질문해야 한다. '이 도덕이 과연 나의 삶을 풍요롭게 하는가?

아니면 나를 제한하는가?'

니체는 궁극적으로 우리에게 묻는다.

"그대는 기존 도덕의 틀 안에서 살아갈 것인가, 아니면 새로운 가치를 창조할 것인가?"

기존 도덕에서 벗어나 자기만의 기준을 세우는 일은 불안을 동반할 수도 있다. 하지만 그것이야말로 진정한 자유이며, 삶을 온전히 긍정하는 길이다. 기존의 선악 개념을 뛰어넘을 때, 우리는 비로소 삶의 주인이 될 수 있다. 더 이상 선과 악의 경계에 얽매이지 말고, 자기 자신만의 가치를 창조하라.

니체에게 배우는 통찰

"

"너희의 도덕은 누구를 위한 것인가?"

📖 『선악의 피안』중에서

"

니체는 기존의 도덕이 절대적 진리가 아니라, 특정한 시대와 권력의 필요에 따라 형성된 것임을 폭로한다. 우리는 선과 악을 명확히 구분하고, 선이 절대적으로 옳다고 믿는다. 하지만 그것이 정말 삶을 풍요롭게 하는가, 아니면 우리를 억압하는가? 도덕이란 단순한 하나의 해석일 뿐이지만, 사람들은 그것을 절대적인 것으로 받아들인다. 당신이 믿는 도덕은 진정한 가치인가, 아니면 당신을 길들이기 위한 족쇄인가?

"

"우리는 선악을 넘어선 존재가 되어야 한다."

📖 『선악의 피안』중에서

"

니체는 우리가 기존의 도덕에 의문을 던지고, 새로운 기준을 세워야 한다고 강조한다. 기존의 도덕이 우리를 옭아매고 있다면, 그것을 넘어서야만 한다. 우리는 스스로 가치를 창조하는 자가 되어야 하며, 더 이상 타인의 기준에 휘둘려서는 안 된다. 당신은 과거의 기준을 따를 것인가, 아니면 새로운 삶을 개척할 것인가?

"

"도덕은 시대에 따라 변하지만, 강한 자는 자신만의 도덕을 만든다."

📖 『도덕의 계보』중에서

"

우리가 절대적이라고 믿는 도덕은 시대와 환경에 따라 변하는 가변적인 개념이다. 니체는 도덕이 권력과 사회적 구조에 의해 변형되어 왔으며, 이를 무비판적으로 받아들이는 것은 자기 자신의 가능성을 억압하는 것과 같다고 보았다. 당신이 지금 신념이라고 믿는 것은 정말 당신이 선택한 것인가, 아니면 시대의 흐름에 의해 주어진 것인가?

실천적 조언 ✒

기존의 틀에서 벗어나 새로운 시각을 갖는 법

기존의 가치와 도덕을 무비판적으로 받아들이는 순간, 우리는 스스로의 가능성을 제한하게 된다. 새로운 시각을 갖기 위해서는 낡은 틀을 깨고, 자신의 삶을 스스로 개척하는 용기가 필요하다. 이제, 기존의 도덕과 가치 체계에서 벗어나 진정한 자유를 찾을 수 있도록 실천적 조언을 제시한다.

✔ 도덕과 가치의 기원을 의심하라

- 우리가 당연하다고 믿어온 도덕과 가치는 과연 보편적인 진실인가? 그것이 어떻게 형성되었고, 누구를 위해 작동하는지를 비판적으로 검토하라.
- 특정한 가치가 당신을 성장시키는가, 아니면 억압하는가? 기존의 전통과 규범을 절대적인 것으로 받아들이지 말고, 그것이 자신의 삶에 진정한 의미가 있는지 점검하라.
- "이 도덕은 누구에게 이익이 되는가?"라는 질문을 던지며, 무

조건적인 수용이 아닌 선택의 자세를 가져라

✔ 주체적인 삶을 선택하라

• 스스로 가치를 창조하고, 타인의 기준이 아니라 자신의 기준에 따라 삶을 개척하라.

• 자신의 행동과 결정이 남의 시선이나 사회적 기대가 아니라, 내면의 신념과 목표에 기반하고 있는지 점검하라.

• 강함과 능동성을 긍정적으로 받아들이고, 스스로를 이끌어 나가는 존재가 되어라.

✔ 수동적인 삶에서 벗어나라

• 희생과 복종을 미덕으로 강요하는 가치관을 경계하라. 스스로의 가치를 낮추고, 타인의 기대에 맞추는 삶은 결국 자기 자신을 소외시키는 결과를 초래한다.

• 자기 연민과 피해의식을 벗어나, 외부 환경을 탓하는 대신 자신의 삶을 변화시키는 방향으로 나아가라.

• "나는 이 삶을 주체적으로 살고 있는가?"라는 질문을 스스로에게 던져보라.

✔ 허무를 두려워하지 말고 새로운 가능성을 발견하라

• 기존의 가치가 무너질 때, 우리는 방향을 잃고 허무주의에 빠질 위험이 있다. 하지만 그것은 끝이 아니라 새로운 출발점이 될 수 있다.

• 니체는 말한다. "죽어가는 가치에 머물 것인가, 아니면 새로운 삶을 창조할 것인가?" 허무를 기회로 삼고, 스스로 의미를

창조하는 힘을 길러라.

· 자신이 믿어온 가치가 허구임을 깨달았을 때, 그것을 부정하는 데서 멈추지 말고, 새로운 기준을 설정하라.

✔ 초인의 태도를 길러라

· 기존의 가치에서 벗어나, 자기 삶의 주체가 되는 연습을 하라. 타인의 인정에 기대지 말고, 자신의 본능과 창조성을 긍정하며 살아가라.

· '나는 타인의 기준이 아니라, 내 기준으로 살고 있는가?' 이 질문에 스스로 답할 수 있을 때, 비로소 진정한 자유를 향해 나아갈 수 있다.

· 초인은 환경이나 사회적 규범에 흔들리지 않고, 자기 삶을 스스로 개척해가는 존재다. 당신은 초인의 길을 걸을 준비가 되어있는가?

✔ 기존 도덕을 넘어, 자신만의 삶을 설계하라

· 선과 악이라는 이분법에서 벗어나, 자신만의 윤리적 기준을 설정하라.

· 단순한 반항과 부정에서 멈추지 말고, 자신이 원하는 삶의 방향을 명확히 하고 그것을 실천하는 태도를 가져라.

2장

신은 죽었다,
이제 무엇을 믿을 것인가

신의 죽음 선언

(시대적 선언과 그 의미)

"신은 죽었다!"

니체의 이 선언은 단순한 종교적 발언이 아니다. 이는 서구 문명이 오랫동안 의지해온 절대적 가치 체계가 붕괴되었음을 의미하는 강렬한 선언이다. 인간은 더 이상 신에게 의존하지 않으며, 기존의 도덕과 믿음은 더 이상 우리를 지탱해주지 않는다. 그렇다면 우리는 무엇을 믿고, 어떻게 살아가야 하는가?

신은 죽었다! 그리고 우리가 그를 죽였다

니체는 『즐거운 학문』에서 한 광인의 모습을 통해 신의 죽음을 선언한다. 광인은 시장 한복판에서 사람들을 향해 외친다.

"신은 죽었다! 그리고 우리가 그를 죽였다!"

그러나 군중들은 그의 말을 비웃으며 이해하지 못한다. 신이 사라졌다는 것은 단순히 종교가 쇠퇴했다는 의미가 아니다. 이는 인간이 오랫동안 의존해온 절대적 가치 체계가 더 이상 유지될 수 없음을 의미한다. 오랫동안 신은 선과 악의 기준이었고, 삶의 의미를 부여하는 존재였다. 그러나 과학과 이성이 발전하며 인간은 점점 더 신의 필요성을 느끼지 않게 되었고, 신은 점차 인간의 세계에서 밀려났으며, 그 자리는 공허함과 불안으로 채워졌다. 하지만 니체는 단순히 신이 사라진 것을 선언하는 것이 아니라, 더 깊은 질문을 우리에게 던진다.

"이 거대한 사건을 어떻게 견딜 것인가?"

신 없는 세계에서 우리는 무엇을 믿어야 하는가?

신의 죽음이 선언되었지만, 그것이 끝이 아니다. 신의 존재가 부정되면서, 인간은 기존의 도덕과 가치 체계까지도 잃어버렸고, 이제 우리는 스스로 의미를 창조해야 하는 순간에 직면했다. 하지만 과연 인간은 신 없이도 살아갈 준비가 되었는가?

니체는 경고한다. 신의 죽음 이후 찾아오는 공백은 허무주의로 이어질 위험이 있다. 종교가 제공하던 절대적 의미가 사라진 세계에서, 사람들은 삶의 방향을 잃고 방황할 수도 있다. 그러나 그는 신의 죽음을 단순한 상실로 보지 않았다. 오히려, 그것은 새로운 가능성의 시작이었다.

우리는 정말로 신을 넘어섰는가? 아니면 여전히 신의 흔적에 기대어 살아가고 있는가? 신이 사라진 자리에 남겨진 공허함을 어떻게 채울 것인가? 니체는 이러한 질문들을 우리에게 던진다.

신의 죽음 이후, 우리가 해야 할 일

니체는 신의 죽음을 단순한 종말이 아니라 새로운 시작으로 보았으며, 기존의 가치가 무너진 지금, 인간이 스스로 의미를 창조해야 한다고 강조한다.

이제 더 이상 외부의 권위에 의존할 수 없다. 삶의 의미는 스스로 찾아야 하며, 새로운 가치를 만들어야 한다. 니체는 이를 '가치의 전환(Umwertung aller Werte)'이라고 부르며, 기존의 도덕과 신념을 넘어선 새로운 삶의 방식이 필요하다고 말한다.

그렇다면 당신은 어떻게 살 것인가? 신이 사라진 세계에서 허무에 빠질 것인가, 아니면 스스로의 가치를 창조하며 새로운 삶을 만들어 갈 것인가? 니체의 선언은 단순한 철학적 담론이 아니라, 우리에게 던지는 실존적 도전이다. 당신은 신 없는 세계에서 어떻게 살아갈 것인가?

☀ 니체에게 배우는 통찰

"

"신은 죽었다. 그리고 그를 죽인 자는 우리다."

📖 『즐거운 학문』중에서

"

니체는 신의 죽음을 단순한 종교적 선언이 아니라, 인간이 스스로 기존의 가치와 도덕을 무너뜨렸음을 의미한다고 주장한다. 신이 더 이상 세계의 중심이 아니라면, 우리는 무엇을 믿어야 하는가? 신이 사라진 세계에서, 인간은 새로운 의미를 창조해야 하는 운명을 스스로 받아들여야 한다.

"

"그대는 신 없는 세계를 견딜 수 있는가?"

📖 『즐거운 학문』중에서

"

니체는 신의 죽음 이후 찾아온 공허와 혼란을 직시해야 한다고 말한다. 절대적인 기준이 사라진 세계에서 우리는 스스로 삶의 의미를 만들어야 한다. 하지만 많은 사람들은 여전히 죽어버린

신의 그림자 속에서 살아가려 한다. 과연 우리는 신 없는 세계에서 살아갈 준비가 되어 있는가? 죽은 신의 자리를 대신할 새로운 가치를 창조할 용기가 있는가?

그대는 이제 무엇을 믿을 것인가?

───────── 66 ─────────

"죽은 신을 대신할 가치는 무엇인가?"

📖 『차라투스트라는 이렇게 말했다』중에서

───────── 99 ─────────

신이 사라진 세계에서 우리는 완전한 자유를 얻었는가? 아니면 새로운 우상을 만들고 있지는 않은가? 니체는 신이 사라진 이후에도 인간은 끊임없이 새로운 신을 만들어내고, 기존의 도덕을 또 다른 절대적 진리로 삼으려 한다고 지적한다. 당신은 과연 무엇을 믿고 있는가?

44

절대적 믿음이 사라진 시대
(종교와 도덕, 그리고 그 상실의 영향)

니체는 '신의 죽음'이 단순한 종교적 믿음의 소멸이 아니라, 인류가 오랫동안 의지해온 절대적 가치 체계가 무너지는 사건임을 강조했다. 신이 사라지면, 그와 함께 형성되었던 도덕과 질서도 의미를 잃게 된다. 인간은 더 이상 신이 정한 '선'과 '악'에 기대어 행동할 수 없으며, 기존의 절대적 믿음이 사라진 세계에서 스스로 의미를 찾아야 하는 운명에 놓이게 된다.

신이 없는 세계에서, 우리는 무엇을 믿을 것인가?

오랫동안 인간은 신의 존재를 통해 세계에 질서를 부여하고, 도덕적 삶의 방향을 설정해왔다. 종교적 가치는 선과 악을 구분하는 절대적 기준을 제공하며, 인간이 윤리적으로 살아갈 수 있는 길을 제시했다. 하지만 니체는 이러한 절대적 도덕이 실은 인간이 만든 허구적 구조라고 주장한다. 신이 더 이상 권위를 갖지 못하는 순간, 우리가 신념으로 삼았던 도덕적 규범 역시 그 정당성을 상실하게 된다.

"선과 악은 신이 정한 것이 아니다. 인간이 만들어낸 것이다."

이 말은 단순한 선언이 아니다. 이는 우리가 더 이상 기존의 도덕을 무비판적으로 받아들일 수 없음을 의미한다.

절대적 도덕이 사라진 후 남는 것은 무엇인가?

신의 존재가 도덕을 지탱해왔던 세계에서, 신이 사라지면 인간은 방향을 잃고 허무주의에 빠질 위험이 있다. 절대적 가치가 사라진 자리에는 공허가 남고, 이전까지 우리를 지탱하던 질서가 붕괴되면서 우리는 혼란에 빠질 수밖에 없다. 니체는 이를 허무주의의 위기라고 설명하며, **"신의 죽음 이후, 인간은 의미를 잃어버린다"**고 경고한다. 하지만 그는 허무주의에 머무르는 것을 강하게 반대했는데 기존의 가치가 무너진 자리에서 우리는 새로운 가치를 창조할 기회를 맞이할 수 있기 때문이다.

그대는 신 없는 세계를 견딜 수 있는가?

니체는 단순히 기존 도덕이 붕괴된 것에 머무르지 않고, 새로운 가치를 창조해야 한다고 주장한다. 이제 인간은 더 이상 외부의 권위에 의존할 수 없으며, 스스로 의미를 창조하는 존재가 되어야 하는데 이것이 바로 니체가 강조한 '가치의 전환'이다. 기존의 신념을 부정하는 것에서 멈추는 것이 아니라, 새로운 가치를 적극적으로 세우는 단계로 나아가야 한다.

결국 **"신 없는 세계에서 우리는 무엇을 믿을 것인가?"**라는 니체의 질문은 단순한 철학적 논의가 아니라, 현대 사회에서도 여전히 중요한 문제로 남아 있다. 기존의 절대적 믿음이 사라진 지금, 우리는 스스로 의미를 부여하는 삶을 선택해야 한다. 이것이 바로 니체가 말한 진정한 자유이며, 우리가 수동적 존재에서 능동적 창조자로 변화해야 하는 이유이다.

🔆 니체에게 배우는 통찰

"

"그대는 신의 그림자 아래에서 살아가고 있는가?"

📖 『즐거운 학문』중에서

"

니체는 많은 사람들이 신을 부정하면서도 여전히 신이 남긴 도덕과 가치를 무비판적으로 받아들이고 있다고 지적한다. 종교가 사라졌다고 해서 기존의 도덕이 자동으로 무너지는 것은 아니다. 우리는 신의 부재를 인정하면서도, 여전히 신이 정한 규범 속에서 행동하고 있지는 않은가? 과연 우리는 신 없는 세계에서 완전히 자유로운 존재가 되었는가? 아니면 여전히 보이지 않는 신의 흔적을 따라 살아가고 있는가?

"

"그대는 허무주의를 넘어설 수 있는가?"

📖 『차라투스트라는 이렇게 말했다』중에서

"

니체는 신의 죽음이 허무주의로 이어질 위험성을 경고했다. 기존의 믿음이 사라진 자리에 공허함이 찾아오고, 인간은 삶의 의미를 잃을 수도 있다. 그러나 니체는 허무에 빠지는 것이 아니라, 새로운 가치를 창조할 수 있는 기회로 삼아야 한다고 주장한다. 신이 사라진 자리에서 우리는 어떤 새로운 가치를 창조할 것인가? 그리고 그 가치는 과연 우리의 삶을 더 풍요롭게 만들 수 있는가?

———————— 66 ————————

"신의 자리를 인간이 대신할 수 있는가?"

📖 『도덕의 계보』중에서

———————— 99 ————————

신이 사라진 이후, 인간은 삶을 스스로 창조해야 하는 운명에 놓였다. 하지만 우리는 정말 신 없이도 살아갈 준비가 되어 있는가? 아니면 여전히 절대적인 존재를 갈망하며 새로운 종교적 믿음을 만들어내고 있는가? 니체는 신이 사라진 세계에서 인간이 자기 자신을 신으로 만들 용기가 있어야 한다고 말한다.

허무주의를 넘어

(신의 죽음 이후 찾아온 공백과 새로운 가능성)

신이 죽었다. 그리고 인간은 이제 거대한 공백 앞에 서 있다. 오랫동안 종교와 전통적 도덕이 삶의 방향을 제시해 왔고, 신의 존재는 인간에게 절대적인 기준을 제공했으며, 선과 악, 의미와 목적을 정해주었다. 하지만 이제 그 기반이 무너졌다. 신이 죽은 세계에서 우리는 무엇을 기준으로 살아야 하는가?

니체는 이 순간을 '가장 위험한 순간'이라고 경고한다. 기존의 가치가 사라지면서 인간은 허무주의에 빠질 위험에 놓인다. 모든 것이 상대적이며, 어떤 것도 절대적인 의미를 갖지 않는다면, 삶의 의미는 무엇인가? 이 질문 앞에서 많은 사람들은 무기력과 절망 속에 빠져들지만 니체는 이러한 상황을 단순한 상실이 아니라 새로운 창조의 기회로 보았다.

그는 허무주의를 두 가지 형태로 나눈다.

✔ **수동적 허무주의**

→ 기존의 가치가 붕괴한 것에 절망하고 무력감에 빠지는 상태. 과거의 질서를 되살리려 하지만, 의미도 찾지 못한 채 무기력하게 살아간다.

✔ **능동적 허무주의**

→ 기존 가치의 붕괴를 인정하면서도, 그것을 극복하고 새로운 가치를 창조하려는 태도. 허무를 두려워하지 않고, 오히려 그것을 기회로 삼아 삶을 다시 설계하는 존재가 된다.

✔ **기존의 가치를 무비판적으로 받아들이지 말고, 그것이 어떻게 형성되었고 누구에게 이익이 되는지를 탐구하라.**

→ 우리는 사회가 정해놓은 가치와 도덕을 자연스럽게 받아들이지만, 그것이 정말 우리를 위한 것인지, 기존의 규범이 누구를 위해 만들어졌고, 어떤 목적을 가지고 유지되어 왔는지를 고민해 보아야 한다.

✔ **외부에서 주어진 의미를 따르는 것이 아니라, 자신의 삶을 주체적으로 설계할 용기를 가져라.**

→ 우리는 종종 타인이 정한 기준에 맞춰 살아가며 그것이 안정된 삶이라고 믿는다. 하지만 남이 정해준 길을 걷는 것이 아니라, 자기 신념에 따라 삶을 설계할 용기가 있을 때 비로소 우리는 진정한 주체가 된다.

✔ **허무를 두려워하지 말고, 새로운 가능성의 기회로 삼아라.**

→ 기존 가치가 무너질 때, 우리는 공허함을 느낄 수도 있지만 허무는 끝이 아니다. 그것은 새로운 의미를 창조할 기회이며, 자신의 삶을 다시 정의할 수 있는 가능성의 문이 될 수 있다.

니체에게 있어 초인(Übermensch)이란 허무를 넘어선 존재다.

그는 기존의 가치가 무너졌다고 절망하지 않고, 자신만의 의미를 창조하는 삶을 살아간다. 신이 죽은 세계에서 새로운 가치를 창조하는 것, 그것이야말로 허무를 극복하는 길이며, 우리에게 주어진 도전이다.

"그대는 허무 속에서 머물 것인가, 아니면 스스로 의미를 창조할 것인가?"

💡 니체에게 배우는 통찰

❝

"모든 가치가 무너진 자리에서,
그대는 무엇을 창조할 것인가?"

📖 『도덕의 계보』중에서

❞

신의 죽음 이후, 인간은 더 이상 절대적인 기준에 기대어 살 수 없다. 종교와 전통적 도덕이 사라진 자리에는 허무가 자리 잡고, 모든 것이 무의미해진 듯한 공허가 찾아온다. 그러나 니체는 이것이 끝이 아닌 새로운 가치를 창조할 기회라고 말한다. 기존의 가치가 무너진 자리에서 우리는 무엇을 할 것인가? 허무 속에서 절망할 것인가, 아니면 스스로 새로운 의미를 만들어낼 것인가?

❝

"허무가 그대의 눈을 삼키지 않도록 하라."

📖 『차라투스트라는 이렇게 말했다』중에서

❞

허무주의는 단순한 철학적 개념이 아니다. 그것은 모든 가치를 잃어버린 상태에서 찾아오는 깊은 무력감과 방황이다. 많은 사

53

람들은 기존의 질서가 무너졌을 때 삶의 의미도 함께 사라진다고 생각한다. 하지만 니체는 허무주의에 빠지는 것이 아니라, 그것을 극복하고 새로운 길을 개척해야 한다고 강조한다. 허무를 두려워할 것인가, 아니면 그것을 넘어설 것인가?

"

"무너진 가치는 끝이 아니라 새로운 시작이다."

📖 『즐거운 학문』중에서

"

기존의 가치가 무너졌을 때, 우리는 그것을 단순한 파괴로 받아들여야 하는가? 니체는 오히려 새로운 창조의 기회로 삼아야 한다고 보았다. 모든 것이 허물어지고 아무것도 남지 않은 순간이야말로, 스스로 삶을 창조할 수 있는 가장 좋은 기회이다. 우리는 허무를 두려워하는가, 아니면 그 속에서 새로운 의미를 찾을 것인가?

허무주의에 빠지지 않고 삶의 의미를 찾는 방법

신의 죽음 이후, 인간은 더 이상 외부에서 주어진 의미에 의존할 수 없다. 허무주의는 불가피한 과정이지만, 그것은 절망이 아니라 새로운 창조의 출발점이 되어야 한다. 허무를 두려워하지 말고, 그것을 넘어 삶을 긍정할 방법을 찾아야 한다.

✔ 기존의 절대적 믿음을 해체하고, 새로운 사유의 틀을 구축하라

• 우리가 당연하게 받아들였던 종교적·도덕적 가치가 어떻게 형성되었는지 분석하고, 그것이 반드시 절대적 진리가 아닐 수도 있음을 깨달아라.

• 기존 가치가 무너졌다고 해서 삶의 의미가 사라지는 것이 아니다. 오히려 자신만의 기준을 세울 기회가 주어진 것이다.

• 허무를 부정적으로만 보지 말고, 그것이 삶을 새롭게 정의할 자유를 제공한다는 점을 인식하라.

✔ 허무의 공백을 채우는 것이 아니라, 그 공백을 활용하라

- 기존의 가치 체계가 붕괴되었을 때, 무의미함을 두려워하지 말고 그것을 새로운 의미를 창조하는 공간으로 삼아라.
- '나는 무엇을 위해 살아가는가?'라는 질문을 던지고, 타인의 기준이 아닌 스스로 선택한 가치를 설정하라.
- 허무를 채우려는 강박에서 벗어나, 의미를 창조하는 과정 자체를 삶의 목표로 삼아라.

✔ 수동적 허무주의에서 능동적 허무주의로 전환하라

- 기존 질서를 잃어버린 것에 좌절하는 대신, 스스로 의미를 창출하는 힘을 기르는 방향으로 나아가라.
- 허무에 빠진 채 살아가는 것이 아니라, 허무를 극복할 실천적 방안을 찾고 행동하라.

3장

진정한 나를 발견하는 법

너 자신이 되어라
(자기 발견과 자아 탐구의 중요성)

대부분의 사람들은 자신이 누구인지, 무엇을 원하는지 깊이 생각하지 않는다. 우리는 태어나면서부터 사회가 부여한 역할과 규범 속에서 살아가며, 타인의 기대와 도덕적 기준을 자연스럽게 받아들인다. 하지만 니체는 **"너 자신이 되어라"**는 강렬한 메시지를 통해, 우리가 무비판적으로 따르는 가치와 도덕이 과연 진정한 자기 자신을 반영하는 것인지 질문을 던진다.

그는 우리가 살아가는 방식이 사회가 정한 틀 속에서 형성된 '가면을 쓴 삶'이라고 비판한다. 우리는 가족, 교육, 종교, 문화 속에서 특정한 삶의 방식이 옳다고 배우며 살아간다. 하지만 니체는 이러한 기존의 가치들이 반드시 우리에게 적합한 것은 아니며, 그것을 무조건적으로 따르는 것은 '타인의 그림자 속에서 사는 것'에 불과하다고 말한다.

자기 발견은 기존 가치를 해체하는 데서 시작된다

니체에게 있어서 자기 발견은 단순한 내면 탐색이 아닌 기존 도덕과 가치를 해체하고, 자기 자신을 창조하는 과정이다. 그는 '신의 죽음'을 선언하며, 인간이 더 이상 절대적인 기준에 의존할 수 없음을 강조한다. 이는 단순한 종교적 신념의 붕괴를 의미하는 것이 아니라, 우리가 기존의 도덕과 사회적 가치에서 벗어나 스스로 의미를 창조해야 하는 운명적 과제를 지닌다는 뜻이다.

이 과정에서 중요한 것은 '나는 누구이며, 무엇을 원하는가?'라는 질문을 끊임없이 던지는 것이다. 우리는 부모가 원하는 삶, 사회가 요구하는 역할에 맞춰 살아가지만, 그것이 정말 나 자신의 선택인지 돌아보아야 한다. 기존의 가치에 질문을 던지고, 나에게 진정한 의미가 무엇인지 탐구하는 것이야말로 자기 발견의 첫걸음이다.

끊임없이 변화하는 존재가 되어라

니체는 인간을 '될 존재(Werden)'라고 정의한다. 그는 **"너 자신이 되어라"**는 말이 단순한 자기 발견이 아니라, 자기 극복과 변화의 과정을 의미한다고 강조하며 우리는 완성된 존재가 아니라, 끊임없이 성장하고 변화하는 존재여야 한다고 말한다.

이 과정에서 니체가 강조하는 개념이 바로 '힘에의 의지(Wille

zur Macht)'이다. 이는 단순한 권력 추구가 아니라, 스스로 능동적으로 창조하고, 삶을 개척해 나가는 창조적 에너지를 의미한다. 인간은 환경과 조건에 의해 좌우되는 존재가 아닌, 스스로 자신의 가치를 설정하고 끊임없이 자신을 초월할 수 있는 존재다.

고독을 받아들이고, 자기 자신과 마주하라

자기 자신이 된다는 것은 혼자만의 길을 걷는 것을 의미하며, 니체는 대중의 가치관과 집단의 도덕에서 벗어나, 홀로 서는 것이야말로 진정한 자유로 가는 길이라고 강조한다. 그는 '떼지어 사는 양의 삶'을 경고하며, 진정으로 자유로운 인간은 무리에서 벗어나 자신만의 길을 찾는 자라고 말한다.

이 과정에서 고독은 필연적이다. 기존의 가치에서 벗어나 자기 자신이 되는 길은 고통스러울 수 있지만 그것을 견뎌야만 우리는 새로운 자신으로 거듭날 수 있다. 고독을 피하지 말고, 오히려 그 안에서 자기 내면의 진리를 탐구할 용기를 가져야 한다.

초인이 되기 위한 첫걸음

니체가 말하는 초인(Übermensch)은 단순한 이상적인 인간상이 아니다. 초인은 기존의 도덕과 가치 체계를 넘어서 자신만의 삶을 창조하는 존재이며 외부 권위에 의존하지 않고, 자신의 힘과 의지를 통해 삶의 의미를 부여하는 자다.

"너 자신이 되어라"는 단순한 조언이 아니다. 그것은 더 높은 존재로 나아가기 위한 실천적 요구다. 자신을 발견하고, 기존 가치를 해체하며, 스스로 의미를 창조하는 것이야말로 진정한 자유의 길이다.

"그대는 타인의 기대 속에서 살아갈 것인가, 아니면 자기 자신이 될 것인가?"

🔆 니체에게 배우는 통찰

"

"너 자신이 되어라. 타인의 기대 속에서 살지 말라."

📖 『차라투스트라는 이렇게 말했다』중에서

"

우리는 사회가 요구하는 모습에 맞춰 살아가며, 타인의 기대 속에서 자기 자신을 잃어버린다. 우리는 부모, 친구, 사회가 바라는 인간상이 되기 위해 노력하지만, 그것이 정말 우리가 원하는 삶인가? 니체는 진정한 자유란 외부의 기준에서 벗어나 자기 자신을 창조하는 것이라고 말한다. 그대가 따르는 삶은 진정한 자신의 것인가, 아니면 타인이 만들어 놓은 틀에 불과한가?

"

"자유로운 정신들에게는 미리 정해진 길이란 없다.
자유는 쟁취하는 것이지, 주어지는 것이 아니다."

📖 『선악의 피안』중에서

"

우리는 종종 안전한 길을 따르는 것이 최선이라고 믿는다. 그러나 니체는 자기 자신이 된다는 것은 기존의 틀을 깨고, 스스로 새로운 길을 만들어가는 과정이라고 강조한다. 그는 말한다. "너희의 삶은 너희의 작품이어야 한다. 남의 작품을 모방하는 것이 아니라." 그대는 스스로의 길을 만들고 있는가, 아니면 남이 만들어 놓은 길을 걷고 있는가?

''

"진정한 자유는 타인의 인정 속에서가 아니라, 홀로 설 때 비로소 가능해진다"

📖『도덕의 계보』중에서

,,

우리는 남의 기대와 사회적 기준에 맞추어 살아가는 것을 당연하게 여긴다. 하지만 니체는 타인의 평가 속에서는 결코 자기 자신이 될 수 없다고 말한다. 진정으로 자유롭고 싶은가? 그렇다면 남의 시선에서 벗어나 홀로 서야 한다. 당신은 혼자 있을 용기가 있는가?

타인의 기대에서 벗어나기
(사회적 틀에서 자유로워지는 법)

우리는 태어나면서부터 사회가 정한 규범과 가치 속에서 살아
간다. 좋은 사람이 되려면 어떻게 행동해야 하는지, 무엇이 옳고
그른지, 어떤 선택이 바람직한 삶인지, 이 모든 것들은 이미 정해
진 틀 속에서 주어진다. 그리고 우리는 자연스럽게 타인의 기대
를 따르는 것이 당연하다고 믿는다. 하지만 니체는 이러한 삶이
'떼지어 사는 양의 삶'이라고 비판하며, 타인의 가치에 종속되지
않고 스스로 삶을 창조하는 존재가 되어야 한다고 강조한다.

사회가 요구하는 도덕과 가치, 누구를 위한 것인가?

니체는 우리가 무의식적으로 받아들이는 도덕과 사회적 가치
가 결코 절대적인 것이 아님을 지적한다. 기독교적 도덕과 전통

적 윤리는 겸손과 희생, 복종을 미덕으로 삼으며, 인간이 본능적으로 가진 힘과 욕망을 억압한다. 그는 이러한 도덕이 '노예의 도덕'이며, 강한 자의 삶을 부정하고 약한 자가 지배하기 위해 만들어진 것이라고 말한다. 우리는 당연한 듯 이 가치를 따르지만, 과연 그것이 우리 자신을 위한 것인지, 아니면 사회가 유지되기 위해 만들어진 틀인지 돌아봐야 한다.

니체는 말한다. **"그대가 믿는 도덕은 누구의 것이며, 누구를 위한 것인가?"** 우리는 정말로 자기 자신의 신념을 따라 살고 있는가, 아니면 사회가 만들어 놓은 틀 속에서 허상을 쫓고 있는가?

자유로운 존재가 되기 위한 첫걸음

니체는 자유로운 정신이 되기 위해서는 먼저 기존 도덕과 사회적 가치의 본질을 꿰뚫어 봐야 한다고 말한다. 우리는 흔히 '이것이 옳은 일이다' 혹은 '이것이 선한 선택이다'라고 생각하지만, 그 믿음이 내면에서 우러나온 것인지, 아니면 사회가 요구하는 틀 속에서 형성된 것인지 깊이 고민해야 한다. 자유로운 존재가 되기 위해 가장 먼저 해야 할 일은 바로, 자신이 따르고 있는 가치가 어디에서 비롯된 것인지 스스로에게 질문하는 것이다.

✔ **나는 왜 이것을 옳다고 믿는가?**

→ 우리가 옳다고 믿는 것은 우리 자신의 신념일까? 타인의 시선을 반영한 것일까? 신념의 기원을 돌아보는 것이 자유로 가는 첫 단계다.

✔ 이 신념은 내가 선택한 것인가, 아니면 주어진 것인가?

→ 진정한 자유란 기존의 가치를 무작정 받아들이는 것이 아니라, 그것을 능동적으로 선택하는 과정에서 비롯된다.

✔ 이것이 나를 더 강하게 만드는가, 아니면 나를 억압하는가?

→ 모든 가치는 우리를 성장시키거나, 반대로 우리를 억누를 수 있다. 지금 내가 따르고 있는 가치가 나를 더 강하게 만드는지, 아니면 나의 가능성을 제한하는지 점검해야 한다.

이처럼 니체는 자신이 따르고 있는 가치들이 족쇄가 되고 있는지 끊임없이 의심해야 한다고 강조한다. 이를 '모든 가치를 재평가하는 과정'이라 부르며, 기존의 도덕과 신념을 맹목적으로 받아들이는 것이 아닌, 철저히 검토하고 자신의 것으로 만들어야만 비로소 자유로운 존재로 거듭날 수 있다고 말한다.

고독을 두려워하지 말라

타인의 가치에서 벗어난다는 것은 단순한 탈출이 아니며, 그것은 무리에서 이탈할 용기를 가지는 일이다. 우리는 본능적으로 타인의 인정과 소속감을 원하지만, 니체는 진정한 자유란 고독을 감내하는 데서 시작된다고 강조한다.

타인의 기대를 거스르는 순간, 우리는 불안과 두려움을 느끼고 사람들은 기존의 가치를 따르지 않는 이들을 '이상하다'거나 '위험하다'고 여긴다. 그러나 대중의 시선을 신경 쓰는 한, 우리는 결코 자유로운 존재가 될 수 없다. 니체는 우리에게 묻는다.

"고독 속에서 너 자신을 발견할 수 있는가?"

고독을 견딜 수 있는가, 아니면 무리에 속하지 못하는 불안을 피하기 위해 타인의 기준에 맞추고 있는가? 자유로운 존재가 되기 위해서는 먼저 자신에게 솔직해져야 한다.

✔ 타인의 인정을 얻기 위해 자신을 억누르고 있는가?

→ 우리의 행동과 신념이 정말로 우리 자신에게서 비롯된 것인지, 아니면 타인의 기대에 맞추기 위해 조정된 것인지 스스로 돌아봐야 한다.

✔ 기대에 못 미칠 때 느끼는 불안은 어디에서 오는가?

→ 우리가 느끼는 불안은 진정한 위험에서 비롯된 것이 아니라, '무리에서 벗어난다'는 두려움에서 비롯된다. 그러나 고독은 위험이 아니라, 성장의 기회일 수 있다.

✔ 나는 정말로 내 삶을 스스로 선택하고 있는가?

→ 내 선택이 사회적 규범과 타인의 시선에서 자유로운지, 아니면 보이지 않는 틀 속에서 만들어진 것인지 끊임없이 점검해야 한다.

고독을 피하려는 순간, 우리는 다시 무리 속으로 흡수된다. 니체는 '떼 지어 사는 양의 삶'에서 벗어나야만 비로소 자기 자신이 될 수 있다고 말한다. 진정한 자유를 원한다면, 타인의 기준에서 벗어나는 용기뿐만 아니라 그로 인해 찾아오는 고독조차도 기꺼이 받아들일 수 있어야 한다.

많은 사람들은 기존 가치를 해체한 후 허무주의에 빠진다. 절대적 가치가 사라지면, 삶이 무의미해지는 것처럼 보이기 때문이지만 니체는 이 순간이야말로 새로운 가치를 창조할 기회라고 말한다. 결국 중요한 것은 기존의 가치가 무너진 뒤 무엇을 선택하느냐다. 허무 속에서 길을 잃을 것인가, 아니면 새로운 의미를 창조할 것인가?

기존의 가치가 무너진 순간, 우리는 불안과 혼란을 느끼게 되는데 이전까지 확고했던 삶의 방향이 사라졌기 때문이다. 그러나 니체는 이러한 공백을 허무로 채우지 말고, 오히려 새로운 가치를 창조하는 출발점으로 삼아야 한다고 강조한다. 그렇다면 우리는 어떻게 허무를 극복하고 자기만의 가치를 세울 수 있을까?

✔ **무너진 가치의 공백을 허무로 채우지 말고, 스스로 의미를 설정하라.**

→ 기존의 가치가 사라진 자리에는 허무가 아니라 새로운 의미가 들어서야 한다. 삶의 방향을 잃었다면, 그것은 끝이 아니라 시작점이다.

✔ **사회적 기대를 따르는 대신, 나만의 방향을 찾아라.**

→ 허무주의는 종종 사회가 정해놓은 가치를 잃었을 때 찾아온다. 하지만 그것이 곧 절망이 될 필요는 없다. 외부 기준이 사라진다면, 오히려 자신만의 삶을 설계할 기회가 열린다.

✔ **허무를 두려워하지 말고 극복할 때 자기 자신이 된다.**

→ 허무는 피해야 할 감정이 아니라, 극복해야 할 도전이다. 허무를 직면하고 나서야 우리는 온전히 자기 자신이 될 수 있다.

이처럼 허무주의는 끝이 아니며 오히려 자기 창조로 나아가는 통로가 될 수 있다. 주저하지 않고 새로운 가치를 창조하는 순간, 우리는 비로소 온전한 자기 자신으로 살아갈 수 있다.

니체는 우리에게 선택을 요구한다.

"그대는 타인의 기대 속에서 살아갈 것인가, 아니면 자기 자신을 창조할 것인가?"

그에게 허무를 극복하는 것은 단순한 정신적 위안이 아니고 자기 자신이 되는 유일한 길이다. 니체에게 있어서 진정한 자유란, 타인의 기준을 따르는 삶을 버리고 자기 자신의 주인이 되는 것이다. 그것은 고통스럽고 고독한 과정이지만, 스스로 의미를 창조할 수 있는 인간만이 자기 자신으로 살아갈 수 있다.

니체에게 배우는 통찰

"

"대중과 함께 가는 자는 결코 자기 자신을 찾지 못한다."

📖 『차라투스트라는 이렇게 말했다』중에서

"

우리는 타인의 기대 속에서 안정감을 찾고, 사회가 정한 기준을 따르는 것이 옳다고 배운다. 하지만 니체는 "대중과 함께 가는 한, 그대는 결코 자신의 길을 찾지 못한다."고 경고한다. 타인의 가치에 맞춰 살아가는 것은 편안할 수 있지만, 그것은 자기 자신의 길이 아닌 타인이 정해준 삶을 사는 것일 뿐이다. 우리는 진정한 자유를 원한다고 말하지만, 과연 타인의 기대에서 벗어나 스스로의 길을 개척할 용기가 있는가? 그대는 자신의 삶을 살고 있는가, 아니면 사회가 요구하는 삶을 살고 있는가?

"

"너희는 무리의 일부로 남을 것인가,
아니면 홀로 설 것인가?"

📖 『도덕의 계보』중에서

"

대중은 진리를 원하지 않는다. 그들은 익숙한 것을 원할 뿐이다. 우리는 흔히 집단의 일부로 남는 것이 더 안전하다고 믿는다. 하지만 니체는 진정한 자유는 타인의 인정 속에서가 아니라, 홀로 설 때 비로소 가능해진다고 말한다. 자신을 찾고자 하는 자는 반드시 혼자가 되어야 한다. 무리에서 벗어나 홀로 서야 할 때, 우리는 비로소 자기 자신을 마주할 수 있다. 그대는 타인의 기대를 따르며 살아갈 것인가, 아니면 스스로의 삶을 창조할 것인가?

"

"평범함 속에 숨어 있는 자는 결코 위대해질 수 없다."

📖 『즐거운 학문』중에서

"

대중과 함께 가는 것이 편안할 수는 있지만, 위대함은 결코 무리 속에서 태어나지 않는다. 니체는 평범한 삶을 살면서 비범한 존재가 되기를 바라는 것은 모순이라고 보았다. 자기 자신을 찾고, 더 나아지려는 자는 기존의 틀을 깨고 나와야 한다. 당신은 평범함에 머물 것인가, 아니면 자기 자신을 넘어설 것인가?

주체성을 회복하라
(삶의 주인으로 살아가는 방법)

　우리는 흔히 삶을 자유롭게 선택한다고 믿지만, 실제로는 타인의 기대와 사회적 규범 속에서 형성된 길을 따르고 있을 뿐이다. 교육, 도덕, 종교, 전통 등 이 모든 것들이 우리가 무엇을 해야 하고, 어떻게 살아야 하는지를 결정짓는다. 니체는 이러한 틀 속에서 살아가는 인간이 스스로 삶의 주인이 되는 것이 아니라, 타인의 가치에 종속된 존재가 되고 만다고 경고한다. 그렇다면 우리는 어떻게 해야 진정한 주체성을 회복하고 삶의 주인으로 살아갈 수 있을까? 니체는 이를 위해 기존 가치의 해체, 자기 극복, 그리고 새로운 의미 창조가 필수적이라고 말한다.

니체는 우리가 사회적 가치와 도덕을 무비판적으로 받아들이는 순간, 자기 자신을 잃어버린다고 경고한다. 특히 기독교적 도덕과 전통적 윤리는 겸손과 희생, 복종을 강조하며, 개인의 본능과 욕망을 억압하는데 이러한 가치관은 인간을 순종적인 존재로 만들고, 스스로 선택한 삶이 아닌 타인을 위한 삶을 살게 만든다.

그러나 우리는 스스로에게 질문해야 한다. 이것이 정말 옳은가? 우리가 따르는 도덕과 규범은 어디에서 온 것인가? 그것은 정말로 우리 자신의 선택인가, 아니면 사회가 강요한 기준인가? 맹목적으로 주어진 가치를 따르는 한, 우리는 결코 자기 자신이 될 수 없다. 그렇다면 어떻게 해야 기존의 틀에서 벗어나 온전히 자신의 삶을 선택할 수 있을까?

✔ 나는 내가 선택한 가치를 따르고 있는가?

→ 우리가 믿고 따르는 가치가 진정 우리 자신의 의지에서 비롯된 것인지, 타인의 기대와 사회적 압력 속에서 형성된 것인지 성찰해야 한다.

✔ 이것이 나를 더 강하게 만드는가, 아니면 억압하는가?

→ 모든 도덕과 규범이 우리를 성장시키는 것은 아니다. 어떤 가치는 우리를 강하게 하지만, 어떤 가치는 우리의 가능성을 제한하고 억압한다. 지금 따르고 있는 도덕이 우리를 자유롭게 하는지, 아니면 무력하게 만드는지를 점검해야 한다.

진정한 자유는 기존의 가치를 맹목적으로 받아들이는 것이 아니라, 그것을 검토하고 재평가하는 데서 시작된다. 우리는 주어진 도덕을 무조건 받아들이는 것이 아니라, 그것이 진정 나를 위한 것인지, 나를 억압하는 것인지 스스로 판단해야 한다. 스스로 선택한 가치만이 우리의 것이며, 그때 비로소 우리는 자기 자신으로 살아갈 수 있다.

자기 극복을 통해 새로운 존재로 거듭나라

니체는 인간을 '될 존재(Werden)' 라고 정의하는데 우리는 완성된 상태로 태어난 것이 아니라, 끊임없이 변화하고 성장하는 과정 속에 있는 존재이기 때문이다. 그러나 대부분의 사람들은 안정을 원하고 변화보다는 익숙한 것에 머물기를 선택한다. 니체는 이를 '노예의 도덕' 이라고 부르며, 이러한 상태를 극복해야만 비로소 자기 자신이 될 수 있다고 강조한다.

그러나 자기 자신을 극복한다는 것은 단순한 변화가 아니라, 한계를 뛰어넘는 과정이다. 그렇다면 어떻게 우리는 익숙함을 버리고 더 높은 단계로 나아갈 수 있을까?

✔ 한계를 직시하고, 더 높은 단계로 나아갈 용기를 가져라.

→ 성장은 자신을 속이는 것이 아니라, 자신의 한계를 정면으로 바라볼 때 가능하다. 한계를 인정하는 것은 나약함이 아니라, 더 높은 단계로 나아가기 위한 첫걸음이다.

✔ 틀을 깨고, 끊임없이 자기 자신을 초월하는 존재가 되어라.

→ 우리는 현재의 모습에 안주하는 순간 정체된다. 자기 극복은 계속해서 새로운 가능성을 향해 나아가는 능동적인 태도를 의미한다.

✔ 무너진 가치 속에서 새로운 의미를 창조하는 힘을 길러라.

→ 과거의 기준이 무너졌다고 해서 방향을 잃을 필요는 없다. 오히려 새로운 가치를 창조하는 힘을 기를 때, 우리는 더욱 강해질 수 있다.

니체는 이러한 자기 극복의 과정을 '힘에의 의지(Wille zur Macht)'와 연결지으며, 인간은 단순히 변화하는 것이 아니라, 자신의 가능성을 최대한 발휘하고, 끊임없이 자신을 초월하는 존재가 되어야 한다고 말한다. 주체성을 되찾는다는 것은 단순한 자유가 아니라, 자기 자신을 능동적으로 창조하는 과정이다.

고독을 견디고, 자기 자신을 발견하라

주체성을 회복하는 길은 무리에서 벗어나 홀로 서는 과정을 의미하고, 니체는 우리가 타인의 인정과 사회적 기대 속에서 살아가면서, 스스로를 잃어버린다고 지적한다. 우리는 타인의 시선을 의식하며 살아가고, 남들이 정해준 기준에 따라 자신의 가치를 평가한다. 하지만 삶의 주인이 되려면, 이러한 외부의 기준을 거부할 수 있어야 한다.

그러나 고독을 선택한다는 것은 단순히 혼자가 되는 것이 아니라, 자기 자신을 마주하는 과정이다. 그렇다면 우리는 어떻게 타인의 기준에서 벗어나 온전한 자기 자신으로 살아갈 수 있을까?

✔ 타인을 의식하지 말고, 자기 내면의 목소리를 들어라.

→ 타인의 기준대로 따라가는 삶은 결코 온전한 자유가 아니다. 우리는

외부의 소음이 아닌, 자신의 진정한 욕구와 가치를 들을 수 있어야 한다.

✔ 집단의 가치에서 벗어나, 나만의 기준을 세워라.

→ 집단이 정한 규범을 그대로 받아들이는 것은 가장 쉬운 길이다. 그러나 자신의 삶을 진정으로 이끌어가기 위해서는, 스스로 선택한 가치와 기준을 세워야 한다.

✔ 외로움을 두려워하지 말고, 홀로 서는 법을 배워라.

→ 고독은 두려운 것이 아니라, 자기 자신을 찾는 필수적인 과정이다. 혼자가 될 용기를 가질 때, 우리는 더 이상 타인의 기준에 휘둘리지 않는다.

니체는 우리에게 선택을 요구한다.

"대중과 함께 머물 것인가, 자기 자신의 길을 갈 것인가?"

자기 자신이 되기 위해서는 고독을 견뎌야 한다. 많은 사람들이 무리 속에 머무는 것이 더 안전하다고 느끼지만 그러나 진정한 자유와 주체성은 오직 고독 속에서만 발견될 수 있다. 고독을 회피하는 한, 우리는 결코 온전한 자기 자신으로 살아갈 수 없다.

삶의 주인이 된다는 것

니체에게 있어서 주체성을 회복한다는 것은 단순히 타인의 기대에서 벗어나는 것이 아니다. 그것은 자신의 가치를 창조하고, 삶의 의미를 스스로 부여하는 것을 의미한다. 우리는 흔히 외부의 기준에서 자유로워지는 것만으로 충분하다고 생각하지만, 진정한 자유는 단순한 해방이 아니라, 스스로 가치를 만들어가는 과정에서 얻어진다. 그러나 자신만의 삶을 창조한다는 것은 막연한 이상이 아니라, 적극적인 실천이 필요하다. 그렇다면 우리는 어떻게 삶의 주인이 될 수 있을까?

✔ 외부의 기준에 휘둘리지 않고, 자기 삶을 스스로 결정하라.

→ 타인의 기대를 따르는 삶은 편안할 수 있지만, 그것은 결코 주체적인 삶이 아니다. 우리는 더 이상 타인의 기준이 아니라, 자신의 가치에 따라 삶을 결정해야 한다.

✔ 과거의 틀을 깨고, 끊임없이 새로운 가치를 만들어라.

→ 기존의 가치에 안주하는 것은 성장이 아니다. 우리는 과거의 틀을 넘어서 새로운 가치를 창조할 때 비로소 온전한 자기 자신이 될 수 있다.

✔ 삶을 능동적으로 개척하는 존재가 되어라.

→ 주어진 삶을 단순히 살아가는 것이 아니라, 자신의 길을 개척해야 한다. 능동적으로 삶을 만들어가는 존재만이 진정한 자유를 가질 수 있다.

니체는 우리에게 이렇게 말한다.

"너의 길을 가라. 타인의 발자국을 따라가지 말라."

주체성을 회복한다는 것은 자신만의 삶을 창조하는 능동적인 인간이 되는 것을 의미한다. 그것은 단순한 자기 발견이 아니라, 끊임없는 자기 극복을 통해 더 높은 존재로 나아가는 과정이다.

"너 자신이 되어라. 너의 삶을 긍정하라. 그리고 너의 운명을 사랑하라(Amor Fati)."

이것이야말로 진정한 자유와 창조적 삶을 실현하는 길이다. 삶의 주인이 된다는 것은 단순히 기존의 틀에서 벗어나는 것이 아니라, 그 틀을 넘어 자신의 가치를 창조하고, 스스로의 삶을 긍정하는 존재가 되는 것을 의미한다.

니체에게 배우는 통찰

"그대의 길을 가라. 타인의 발자국을 따라가지 말라."

📖 『차라투스트라는 이렇게 말했다』중에서

우리는 흔히 타인의 기대와 사회적 규범 속에서 자신의 길을 정한다. 좋은 직장, 안정된 삶, 사회가 정해놓은 성공의 기준을 따르는 것이 올바른 선택이라 여긴다. 하지만 니체는 이러한 삶이 결코 주체적인 삶이 될 수 없다고 경고한다. "자신을 발견한 자는 스스로의 길을 개척해야 한다 - 다른 이의 길이 아니라!" 그는 자유로운 정신을 가진 자들은 정해진 길을 걷지 않으며, 자기자신이 되어야 한다고 말한다. 그대는 지금 자신의 길을 걷고 있는가, 아니면 타인이 만들어 놓은 길 위에 서 있는가?

"자신의 운명을 사랑하라. 그것이 자유의 시작이다."

📖 『도덕의 계보』중에서

우리는 종종 삶이 원하는 대로 흘러가지 않을 때 좌절한다. 그러나 니체는 운명을 긍정하는 것이야말로 삶을 온전히 받아들이는 첫걸음이라고 말한다. "운명을 사랑하라(Amor Fati). 그것이야 말로 강한 자의 철학이다." 그는 우리가 처한 현실을 외부의 기준이 아닌 자신만의 의미로 받아들일 때, 비로소 삶의 주인이될 수 있다고 강조한다. 네 삶이 다시 한번 반복된다면, 너는 그것을 받아들일 수 있는가?

———————— **"** ————————

"그대가 선택하지 않은 길을 후회하지 말라."

📖『선악의 피안』중에서

———————— **"** ————————

우리는 항상 '다른 선택을 했다면 어땠을까?' 하고 후회한다. 하지만 니체는 선택하지 않은 길을 고민하는 것이 아니라, 지금의 길을 온전히 자신의 것으로 만들어야 한다고 말한다. 중요한것은 과거를 돌아보는 것이 아니라, 앞으로 나아가는 것이다. 당신은 후회 속에서 살 것인가, 아니면 지금 이 순간을 받아들이고 앞으로 나아갈 것인가?

자기 자신을 찾고, 주체적으로 살아가는 법

진정한 자유는 타인의 기대에서 벗어나, 자기 자신을 찾고, 스스로의 삶을 창조하는 과정에서 시작된다. 니체는 인간이 주어진 가치와 도덕을 무비판적으로 따르는 것이 아니라, 끊임없이 자기 자신을 탐구하고 극복해야 한다고 강조한다. 그렇다면, 우리는 어떻게 하면 주체적으로 살아갈 수 있을까?

✔ 기존의 정체성을 의심하고, 스스로에게 질문하라

• "나는 누구인가?"라는 질문을 피하지 말고, 자신을 둘러싼 가치와 신념이 정말 자신의 것인지 깊이 탐구하라.

• 지금까지 당연하게 받아들였던 도덕과 규범이 자신을 위한 것인지, 아니면 사회가 부여한 족쇄인지 점검하라.

• '기존의 신념과 가치가 나를 성장시키는가, 아니면 억압하는가?' 이 질문을 통해 자신을 재평가하는 과정이 필수적이다.

✔ 타인의 기대에서 벗어나, 자기만의 기준을 세워라

- 타인의 시선을 의식하는 순간, 자신의 삶이 아닌 남들이 원하는 삶을 살게 된다.
- 사회가 정해놓은 목표를 따라가지 말고, 스스로 의미 있다고 믿는 삶의 방향을 설정하라.
- 다른 사람이 정한 성공의 기준이 아니라, 내면에서 우러나오는 욕망과 목표를 따르라.

✔ 고독을 두려워하지 말고, 자기 자신과 마주하라
- 홀로 서는 것은 두려울 수 있지만, 자신의 내면을 발견하는 과정에서 반드시 필요한 단계다.
- 대중의 가치관에 무조건 동조하지 말고, 자신만의 시각을 가지도록 노력하라.
- 고독을 외면하지 말고, 오히려 그 시간을 활용해 자기 자신을 탐구하는 법을 배워라.

✔ 자기 극복을 통해, 끊임없이 성장하는 존재가 되어라
- 인간은 완성된 존재가 아니라, 계속해서 변화하고 성장하는 존재다.
- 현재 상태에 안주하지 말고, 더 나은 자신이 되기 위해 끊임없이 도전하라.
- 두려움과 한계를 직시하고, 그것을 극복하는 것이 니체가 말하는 '자기 극복(Selbstüberwindung)'의 본질이다.

✔ 운명을 사랑하라- 삶을 긍정하는 자세를 가져라
- 현실을 부정하거나 회피하는 것이 아니라, 자신이 처한 상황

을 적극적으로 받아들여야 한다.

- "이 삶이 다시 반복된다고 해도, 나는 똑같이 살 수 있는가?" 라는 질문을 던져라.
- 어떤 상황에서도 운명을 사랑하고(Amor Fati), 자신의 힘으로 의미를 창조하는 태도를 가져라.

✔ 삶의 주인이 되어, 스스로 가치를 창조하라

- 기존의 도덕과 사회적 가치에 맹목적으로 순응하지 말고, 자신만의 기준과 철학을 설정하라.
- "나는 무엇을 위해 살아가는가?"라는 질문을 지속적으로 던지고, 그 답을 찾기 위해 실천하라.
- "그대는 타인의 기대 속에서 살아갈 것인가, 아니면 자기 자신이 되어 삶의 주인이 될 것인가?"

2부

변 혁

: 새로운 삶을 창조하는 힘

새로운 삶을 창조하는 힘

우리는 익숙한 것에서 안정감을 느끼지만, 변화 없는 삶은 결국 퇴보를 의미한다. 니체는 기존 질서를 부정하는 것이 아닌, 자신만의 의미를 창조하고 능동적으로 삶을 재구성 할 것을 강조한다. 변혁은 단순한 변화가 아니라, 지금의 나를 넘어서는 과정이며, 새로운 나로 거듭나는 실천적 여정이다.

"너의 삶은 너의 것인가?"

이 질문은 변혁의 출발점이다. 우리는 과연 자신의 의지로 살아가고 있는가, 아니면 타인의 기대와 사회적 기준 속에 살아가고 있는가? 변혁은 타성적 삶을 거부하고 자기 존재를 주체적으로 창조하는 과정에서 시작된다.

변혁의 첫걸음은 운명애의 실천이다. 우리는 종종 뜻대로 되지 않는 현실에 좌절하고 원망하지만 니체는 운명을 단순히 받아들이는 것이 아니라, 사랑해야 한다고 말한다. 주어진 환경 속에서 자신의 길을 개척할 때, 우리는 더 강한 존재가 된다.

사회가 정한 틀과 타인의 기대 속에서 방향을 잃기도 한다.

그러나 변혁은 외부 기준이 아닌, 자신이 설정한 가치 속에서 삶을 창조하는 것이며 더 이상 타인의 시선에 흔들리지 말고, 스스로 선택하고 결정하는 존재가 되어야 한다.

기존 가치가 무너질 때 허무주의(Nihilism)의 위기를 경험할 수도 있다. 그러나 니체는 허무를 두려워하지 말고, 새로운 의미를 창조하는 기회로 삼으라고 말한다. 허무의 순간은 끝이 아니라 다시 시작하는 출발점이다.

변혁은 미래의 목표가 아니다. 과거를 후회하거나 미래를 두려워하는 것이 아니라, 이 순간을 긍정하는 데서 시작된다.

"이 순간이 영원히 반복된다면, 그것을 긍정할 수 있는가?"

이 질문에 '그렇다'라고 답할 수 있을 때, 우리는 진정한 변혁을 이루게 된다. 매 순간을 영원처럼 살고, 자기 삶을 창조하는 자만이 자유로울 수 있다. 변혁이란 단순한 변화가 아니라, 기존의 자신을 넘어서는 과정이며, 새로운 가치를 창조하는 실천적 태도다. 삶을 긍정하고, 운명을 사랑하며, 스스로 가치를 창조하는 자만이 진정한 자유를 얻는다. 변혁이란, 고난을 사랑하고(운명애), 한계를 넘어서며(초인의 길), 매 순간을 영원처럼 살아가는(영원회귀) 과정이다. 이것이 새로운 삶을 창조하는 힘이며, 더 강하고 자유로운 존재로 나아가는 길이다.

🪄 4장

운명을 사랑하라

운명애(Amor Fati)란 무엇인가
(운명 긍정)

우리는 종종 과거를 후회하고, 미래를 불안해하며 살아간다. 예상치 못한 시련과 고통이 찾아오면 그것을 피하고 싶어지고, 보다 나은 환경을 꿈꾸며 현실을 부정하기도 한다. 하지만 니체는 삶의 모든 순간을 있는 그대로 받아들이고, 심지어 고통과 시련마저도 사랑하는 것이야말로 진정한 자유와 강함의 출발점이라고 말한다. 그는 이러한 태도를 운명애라고 부르며, 자신에게 주어진 모든 경험을 기꺼이 긍정하는 삶의 방식으로 제시한다.

"이것이 삶이로구나! 좋다, 다시 한번!"

이것은 단순한 체념이 아니다. 삶을 도피하거나 거부하는 것이 아니라, 지금 이 순간을 있는 그대로 사랑할 수 있는가? 라는 도전이다. 니체는 우리가 과거를 후회하지 않고, 현재를 도피하지 않으며, 미래를 두려워하지 않을 때 비로소 삶을 온전히 긍정할 수 있다고 강조한다.

운명애는 현실을 수용하는 것이 아니라, 삶을 창조하는 태도다

운명애는 단순히 현실을 받아들이는 수동적인 자세가 아니며, 주어진 운명을 내 것으로 만들고, 삶을 창조적으로 재구성하는 능동적인 태도를 의미한다. 니체는 삶이 우리에게 던지는 모든 도전을 기꺼이 받아들이고, 심지어 가장 고통스러운 순간조차도 성장의 기회로 삼아야 한다고 말한다.

그러나 운명을 사랑한다는 것은 단순한 체념이 아니라, 현실을 적극적으로 변화시키는 태도를 의미한다. 그렇다면 우리는 어떻게 운명애를 실천할 수 있을까?

✔ 고통을 피하려 하지 말고, 자신의 일부로 받아들여라.

→ 삶에는 불가피한 고통이 존재한다. 하지만 고통을 거부하거나 외면하는 것은 문제를 해결하는 방법이 아니다. 고통을 받아들이고 자신의 일부로 삼을 때, 우리는 더욱 강한 존재가 될 수 있다.

✔ 삶을 원망하지 말고, 삶이 주는 경험을 온전히 긍정하라.

→ 현실이 기대와 다르다고 원망하는 것은 무의미하다. 삶의 모든 순간을 긍정적으로 받아들일 때, 우리는 주어진 환경을 넘어설 수 있다.

✔ 주어진 환경을 탓하는 것이 아니라, 그 안에서 스스로 의미를 창조하라.

→ 우리는 때때로 원하지 않는 환경에 놓이게 된다. 하지만 우리가 통제

할 수 없을지라도, 어떤 의미를 찾고 창조할지는 전적으로 우리의 몫이다.

이처럼 운명애는 삶을 있는 그대로 받아들이는 것이 아니라, 주어진 현실을 자신의 것으로 만들고 능동적으로 재구성하는 태도다. 그것은 단순한 순응이 아니라, 삶을 스스로 형성하고 그 과정 속에서 더욱 강인한 존재로 거듭나는 일이다.

니체는 이를 이렇게 단언한다.

"운명을 사랑하라. 그것이야말로 강한 자의 철학이다."

강한 자란 삶의 불완전함을 인정하면서도, 그것을 극복하고 의미를 창조하는 존재다. 운명애는 삶을 단순히 견디는 것이 아니라, 그 삶을 더욱 강하게 살아내는 힘이며 우리가 운명을 받아들이는 순간, 그것은 더 이상 우리를 억압하는 것이 아니라, 우리가 스스로 창조하는 것이 된다.

운명애는 초인의 필수 조건이다

니체가 말하는 초인(Übermensch)은 자신의 운명을 온전히 긍정하는 존재다. 초인은 불평과 원망 속에서 살아가지 않으며 삶의 모든 요소를 자기 것으로 만들고, 심지어 가장 고통스러운 경험조차도 자신의 성장의 일부로 받아들인다. 그러나 운명을 긍정한다는 것은 단순히 현실을 받아들이는 것이 아니라, 그 안에서 능동적으로 의미를 창조하는 과정이다. 그렇다면 우리는 어떻게 초인의 태도로 살아갈 수 있을까?

✔ 초인은 삶을 조건 없이 긍정하는 존재다.

→ 삶은 우리가 원하는 방향대로 흘러가지 않을 때가 많다. 하지만 초인은 환경을 탓하지 않고, 있는 그대로 받아들이며 더욱 강해진다.

✔ 과거, 현재, 미래를 분리하지 않고 모든 순간을 자신의 일부로 수용한다.

→ 우리는 흔히 과거를 후회하고, 현재를 의심하며, 미래를 걱정한다. 하지만 초인은 모든 순간을 자신의 삶의 일부로 받아들이고, 그 흐름 속에서 스스로를 단련한다.

✔자신에게 주어진 운명을 능동적으로 창조하며 살아간다.

→ 운명이 주어진 것이라고 해서, 그것이 반드시 정해진 길을 의미하는 것은 아니다. 초인은 현실에 순응하는 것이 아니라, 그 안에서 자신의 가치를 창조하며 살아간다.

니체는 우리에게 분명한 메시지를 던진다.

"고통 없는 삶은 빈약한 삶이다."

운명애는 단순한 현실 수용이 아니라, 자신의 삶을 주체적으로 살아가기 위한 가장 강력한 자세다. 고통과 시련이 없기를 바라는 것이 아니라, 그것을 기꺼이 자신의 일부로 받아들이고 더욱 강한 존재로 성장하는 것. 이것이야말로 운명애의 본질이자, 초인의 길이다.

니체는 운명애를 통해 허무주의를 극복할 수 있다고 보았다. 기존 가치가 무너진 세계에서 우리는 종종 삶의 의미를 상실하고 허무 속에 빠지지만, 운명을 사랑하는 자는 더 이상 허무에 휘둘리지 않는다. 그는 자신의 삶을 있는 그대로 긍정하며, 어떤 환경에서도 자신의 의미를 창조하는 힘을 지닌다.

그러나 허무를 극복한다는 것은 단순히 삶을 받아들이는 것이 아니라, 그 속에서 적극적으로 의미를 창조하는 일이다. 그렇다면 우리는 어떻게 허무를 넘어 운명을 긍정할 수 있을까?

✔ 삶을 거부하는 것이 아니라, 그것을 더 강하게 살아내라.

→ 삶의 부조리함을 부정하는 것이 아니라, 그것을 더욱 강한 의지로 마주할 때 우리는 허무를 극복할 수 있다.

✔ 과거를 바꾸려고 애쓰지 말고, 내 삶의 일부로 받아들여라.

→ 과거는 되돌릴 수 없는 것이지만, 받아들이는 태도는 우리가 선택할 수 있다. 과거를 온전히 수용할 때 더 이상 후회에 사로잡히지 않는다.

✔ 주어진 조건 속에서 자기만의 의미를 만들어가는 것이야말로 진정한 자유다.

→ 자유란 외부 조건이 완벽해질 때 주어지는 것이 아니다. 어떤 상황에서도 스스로 의미를 만들어갈 수 있을 때, 비로소 우리는 자유로워진다.

니체는 우리에게 이렇게 묻는다.

"네 삶이 다시 한번 반복된다면, 그것을 받아들일 수 있는가?"

그는 우리가 삶을 온전히 긍정하는 태도를 가질 때, 비로소 자유로워질 수 있다고 말한다. 운명애는 삶의 고통과 혼란을 두려워하지 않고, 그것을 넘어 자신만의 가치를 창조하는 과정이다. 허무 속에서 의미를 찾을 수 있는 자만이, 진정으로 자기 자신의 삶을 살아갈 수 있다.

운명을 사랑하는 자만이 진정한 자유를 얻는다

운명애는 단순한 철학적 개념이 아닌 삶을 능동적으로 창조하는 실천적 태도이며, 진정한 자유를 얻기 위한 핵심적인 자세다. 우리는 흔히 자유를 외부 환경으로부터의 해방이라고 생각하지만, 니체가 말하는 진정한 자유란 주어진 운명을 온전히 긍정하고 그 안에서 의미를 창조하는 힘을 갖는 것이다.

운명을 사랑한다는 것은 단순히 현실을 받아들이는 것이 아니라, 삶의 모든 순간을 긍정하는 강인한 태도를 의미한다. 그렇다면 우리는 어떻게 운명을 긍정하며 살아갈 수 있을까?

✔ 고통과 시련을 사랑하라. 그것은 너를 성장시키는 힘이다.

→ 고통을 거부하는 것이 아니라, 그것을 온전히 받아들일 때 우리는 더욱 강한 존재로 거듭날 수 있다.

✔ 과거를 후회하지 말고, 미래를 두려워하지 말라.

→ 후회와 두려움은 우리를 현재에 머무르지 못하게 한다. 과거를 받아들이고, 미래를 담대하게 맞이할 때 우리는 자유를 경험할 수 있다.

✔ 삶을 있는 그대로 긍정하며, 스스로 의미를 창조하라.

→ 주어진 현실을 단순히 받아들이는 것이 아니라, 그 속에서 자신의 의미를 만들어 갈 때 우리는 비로소 자기 삶의 주인이 된다.

니체는 우리에게 근본적인 질문을 던진다.

"너는 너의 운명을 사랑할 수 있는가?"

운명을 사랑하는 자만이 삶의 주인이 될 수 있다. 저항하거나 회피하는 것이 아니라, 모든 것을 자신의 일부로 받아들이고 의미를 창조하는 순간, 우리는 비로소 진정한 자유를 얻게 된다.

니체에게 배우는 통찰

"

"그대는 네 운명을 사랑하는가?
그것이야말로 삶을 긍정하는 최고의 태도이다."

📖 『차라투스트라는 이렇게 말했다』중에서

"

우리는 삶의 불완전함을 두려워하며, 종종 과거를 후회하고 미래를 불안해한다. 그러나 니체는 삶을 부정하는 태도야말로 허무주의에 빠지는 길이라고 경고한다. 운명을 사랑하라(Amor Fati). 그것이야말로 강한 자의 철학이며, 삶을 있는 그대로 긍정하는 최고의 방식이다. 그대는 주어진 삶을 피하지 않고 온전히 받아들일 수 있는가?

"

"이것이 삶이로구나! 좋다, 다시 한번!"

📖 『차라투스트라는 이렇게 말했다』중에서

"

운명애는 단순한 체념이 아니다. 그것은 삶의 모든 순간을 기꺼이 긍정하는 강한 정신을 의미한다. 삶이 다시 반복된다고 해도, 우리는 그것을 기꺼이 받아들일 수 있는가? 운명을 거부하지 말고, 그것을 너의 일부로 만들어라. 그대는 지금 이 순간을 영원히 반복해도 후회 없는 삶을 살고 있는가?

"

"삶을 긍정하는 자만이 자유로워질 수 있다."

📖 『즐거운 학문』중에서

"

우리는 종종 현재를 불만족스럽게 여기고, 더 나은 미래를 꿈꾼다. 그러나 니체는 우리가 지금 이 순간을 받아들이고 긍정하지 않는다면, 결코 자유로워질 수 없다고 보았다. 삶을 부정하는 자는 항상 불안 속에 머물지만, 삶을 긍정하는 자는 그 자체로 자유롭다. 당신은 지금의 삶을 받아들이고 있는가?

고난과 역경을 기회로 바꾸기
(시련을 삶의 일부로 받아들이는 태도)

삶은 예기치 못한 고난과 시련으로 가득하다. 우리는 실패를 경험하고, 원치 않는 상실을 겪으며, 때때로 감당하기 어려운 고통 속에 놓인다. 많은 사람들은 이러한 시련을 피하고자 하며, 그것을 불행의 원인으로 여긴다. 하지만 니체는 고난을 단순한 장애물이 아니라, 인간을 더 강한 존재로 성장시키는 필수적인 요소라고 말한다. 그는 **"나를 죽이지 못하는 것은 나를 더욱 강하게 만든다."**라고 선언하며, 삶의 시련을 어떻게 받아들이느냐에 따라 우리의 존재가 달라질 수 있음을 강조한다.

고난은 인간을 단련시키고, 더 강한 존재로 만든다
우리는 종종 편안한 환경에서 성장할 수 있다고 믿지만, 진정한 성장은 도전과 역경 속에서 이루어진다. 안정은 잠시의 평온을 줄 수 있지만, 우리를 더 나은 존재로 이끌지는 못한다. 역사 속 위대한 사상가, 예술가, 혁신가들은 고난을 통해 자신의 철학과 신념을 형성했으며, 시련을 극복하는 과정에서 더욱 강인한 존재로 거듭났다. 고난은 단순히 견뎌야 할 시련이 아니라, 잠재력을 발견하고 한계를 뛰어넘을 기회다. 그것은 우리를 깨뜨리는 것이 아니라, 더 단단하게 만들어주는 연단이다. 그렇다면 우리는 어떻게 고난을 성장의 원동력으로 삼아 더 높은 차원으로 나아갈 수 있을까?

✔ 편안함은 나를 나태하게 하지만, 시련은 나를 단련시킨다.

→ 안락함 속에서는 발전이 없다. 진정한 성장은 불확실성과 마주하는 순간 이루어진다.

✔ 고난은 우리가 스스로를 극복하고, 한계를 넘어설 수 있는 기회를 제공한다.

→ 우리는 고통을 통해 자신의 한계를 확인하고, 그것을 넘어서면서 더욱 강해진다.

✔ 삶의 시련을 피하려 하지 말고, 그것을 받아들이고 성장의 원동력으로 삼아라.

→ 시련은 피해가는 것이 아니라, 맞서고 극복해야 하는 것이다. 고난을 긍정할 때, 우리는 더욱 단단한 존재가 된다.

니체는 우리에게 단호한 메시지를 남긴다.

"고통 없는 삶은 빈약한 삶이다."

삶의 시련을 견디고 극복하는 과정에서 우리는 더 강해지고, 자기 자신을 발견하게 된다. 고난을 피하려는 순간, 우리는 나약해지고 삶의 의미를 잃어버린다. 그러나 시련을 온전히 받아들이고 그것을 성장의 기회로 삼을 때, 우리는 비로소 더욱 강한 존재로 거듭날 수 있다.

고난을 피하려는 태도는 허무주의로 이어질 수 있다

오늘날 많은 사람들은 고통을 부정하고 회피하는 것이 행복으로 가는 길이라고 믿는다. 편안함과 즐거움만을 추구하며 고난을 피하려는 태도는 일견 합리적으로 보일 수 있다. 그러나 니체는 이러한 태도가 결국 깊은 허무주의로 이어질 것이라고 경고한다. 쉽게 얻은 것은 쉽게 사라지며, 진정한 의미와 가치는 반드시 시련을 겪고 극복하는 과정에서만 비로소 얻을 수 있다. 고난은 단순한 고통이 아니라, 자신을 발견하고 성장할 수 있는 중요한 계기다. 고난을 피하려는 태도는 삶의 의미를 상실하게 만드는 위험한 길로, 우리를 내면의 공허로 이끌 수 있다. 그렇다면 우리는 어떻게 고난을 직면하고, 허무주의를 극복할 수 있을까?

✔ **삶에서 가장 값진 것은 언제나 시련을 통해 얻어진다.**

→ 진정한 가치는 편안한 삶 속에서 얻어지는 것이 아니다. 우리는 시련을 겪을 때 비로소 더 깊고 의미 있는 삶을 살아갈 수 있다.

✔ **고통을 피하려는 삶은 공허함을 낳지만, 이를 받아들이는**

자만이 깊이 있는 삶을 살 수 있다.

→ 고통을 회피하는 것은 순간적인 위안을 줄 수 있지만, 내면의 공허함을 키운다. 고통을 직면하고 수용하는 자는 진정한 삶을 경험할 수 있다.

✔ 고난을 외면하는 것이 아니라, 그것을 극복하고 새로운 의미를 창조해야 한다.

→ 고난은 피하는 것이 아니라, 능동적으로 극복해야 하는 것이다. 그 과정을 통해 우리는 더 강한 존재로 거듭날 수 있다.

니체는 우리에게 본질적인 질문을 던진다.

"그대는 고통을 두려워하는가, 아니면 그것을 성장의 기회로 삼을 것인가?"

그는 삶의 고난을 부정하는 것은 결국 자기 자신을 부정하는 것과 같다고 본다. 우리는 고통을 피할 수 없으며, 그것을 어떻게 받아들이느냐에 따라 삶의 방향이 결정된다. 허무주의에 빠지는 대신, 고난 속에서 의미를 창조하는 자만이 온전한 자기 자신으로 살아갈 수 있다.

고통을 삶의 일부로 받아들일 때, 진정한 자유를 얻을 수 있다.

삶은 고난과 함께 존재한다. 우리는 종종 고통을 피하려 하지만, 그렇게 할수록 두려움 속에서 살아갈 수밖에 없다. 고통을 외면하면 잠시의 안도는 얻을 수 있지만, 내면의 불안은 사라지지 않는다. 그러나 니체는 고난을 필연적인 과정으로 받아들이고 사랑할 때, 인간은 더 이상 고통에 휘둘리지 않고 온전한 자유를 경험할 수 있다고 말한다. 고통을 삶의 적으로만 여기지 않고, 성장과 자기 이해의 기회로 삼을 때 우리는 비로소 자신을 초월할 수 있다. 고통을 피하는 것이 아니라, 그것을 삶의 일부로 받아들이는 것이야말로 진정한 자유를 향한 첫걸음이다. 그렇다면 우리는 어떻게 고통을 직면하고 자유로운 존재가 될 수 있을까?

✔ 고통을 부정하지 말고, 그것을 삶의 일부로 인정하라.

→ 고통을 부정하는 것은 곧 삶의 일부를 부정하는 것이다. 고통을 있는 그대로 받아들일 때, 우리는 더욱 강해질 수 있다.

✔ 두려움에 사로잡히지 말고, 고통을 직면하라.

→ 두려움은 우리를 위축시키지만, 고통을 직면하는 순간 우리는 그것을 극복할 힘을 가지게 된다.

✔ 운명애를 실천하며, 삶의 모든 순간을 긍정하라.

→ 주어진 상황을 거부하는 것이 아니라, 그것을 받아들이고 의미를 창조할 때 우리는 진정한 자유를 경험할 수 있다.

니체는 우리에게 근본적인 선택을 요구한다.
"그대는 시련을 원망할 것인가, 그것을 사랑할 것인가?"

삶을 거부하지 않고 있는 그대로 긍정할 때, 우리는 더 이상 환경에 지배당하지 않는다. 고통을 피하려는 순간 우리는 나약해지지만, 그것을 온전히 받아들이고 사랑할 때, 우리는 삶의 주인이 될 수 있다.

니체는 진정으로 강한 인간(초인)은 고난을 피하는 것이 아니라, 그것을 능동적으로 받아들이고 성장의 도구로 활용하는 존재라고 말한다. 고통과 시련은 피해야 할 장애물이 아니라, 자신을 단련하고 내면의 힘을 발견할 수 있는 기회다. 그는 고난을 통해 더욱 강인해지고, 자신의 존재를 창조적으로 변화시킬 수 있는 자만이 진정한 자유를 얻을 수 있다고 강조한다. 고난은 우리를 부수는 것이 아니라, 올바르게 마주할 때 더 강하게 만든다. 그러나 고난을 회피하는 것은 결국 우리 자신을 약하게 만들고, 스스로의 잠재력을 억누르게 될 뿐이다. 그렇다면 우리는 어떻게 초인의 태도로 고난을 마주하며, 그것을 통해 진정한 성장을 이룰 수 있을까?

✔ **고난을 피하지 말고, 그것을 자신의 일부로 만들어라.**

→ 고난은 피해야 하는 것이 아니라, 극복해야 하는 것이다. 그것을 자신의 일부로 받아들이는 순간, 우리는 더 이상 두려움에 휘둘리지 않는다.

✔ **시련 속에서 주저하지 말고, 그것을 뛰어넘는 힘을 길러라.**

→ 어려움이 닥쳤을 때 물러서는 것이 아니라, 그것을 이겨낼 힘을 기를 때 우리는 더욱 강해질 수 있다.

✔ **고통이 없다면 우리는 성장할 수 없다.**

→ 편안한 삶은 우리를 나태하게 만든다. 고난을 경험하고 극복하는 과정에서 우리는 더 높은 단계로 나아갈 수 있다.

니체는 우리에게 근본적인 결단을 요구한다.

"너희는 고난 앞에서 주저하는가, 아니면 그것을 초월하는가?"

초인은 고통을 두려워하지 않는다. 그는 자신의 운명을 온전히 받아들이고, 시련 속에서도 흔들리지 않는 존재다. 고난을 피하려는 순간 우리는 나약해지지만, 그것을 정면으로 마주하고 초월할 때 우리는 진정한 자유를 경험할 수 있다.

고난을 기회로 바꾸는 것이야말로 삶을 긍정하는 핵심이다

니체는 삶의 시련을 단순한 고통으로 보지 않는다. 그는 그것을 성장과 자기 극복을 위한 도구로 바라보며, 고난을 삶의 일부로 받아들이는 태도가 삶을 긍정하는 핵심 요소라고 강조한다. 시련을 외면하거나 피하려고만 하면 오히려 더 깊은 불안과 무력감에 빠질 수 있다. 그러나 고난을 긍정한다는 것은 단순히 참고 견디는 것이 아니라, 그것을 성장의 기회로 삼아 자신을 새롭게 만들어가는 능동적인 태도를 의미한다. 고통 속에서 자신을 돌아보고, 그 경험을 통해 더 강한 존재로 나아가는 것이야말로 삶을 긍정하는 진정한 힘이다. 그렇다면 우리는 어떻게 시련 속에서도 흔들리지 않고 삶을 긍정하며 나아갈 수 있을까?

✔ **고난을 두려워하지 말고, 자신을 단련하는 기회로 삼아라.**

→ 고난을 피하려는 순간 우리는 더욱 약해진다. 고난을 받아들이고 성장의 발판으로 삼을 때, 우리는 더 강해질 수 있다.

✔ 삶의 시련 속에서도 흔들리지 않는 강한 정신을 길러라.

→ 어려움이 닥쳤을 때 좌절하는 것이 아니라, 그 안에서 자신을 단련하고 더 단단한 존재로 거듭나는 것이 중요하다.

✔ 고통 속에서도 자신을 발견하고, 스스로 의미를 창조하라.

→ 고통은 단순한 시련이 아니다. 그것을 어떻게 해석하고 의미를 부여하느냐에 따라 우리의 삶이 결정된다.

니체는 우리에게 본질적인 선택을 묻는다.

"너는 고난을 피할 것인가, 성장의 기회로 만들 것인가?"

니체가 말하는 삶의 태도는 단순한 인내가 아니다. 그는 삶의 모든 요소를 긍정하고, 그 속에서 자신의 길을 개척하는 능동적인 실천을 강조한다. 고난을 피하는 삶은 결국 허무로 이어지지만, 그것을 극복하는 자만이 더 높은 존재로 나아갈 수 있다.

니체에게 배우는 통찰

———— " ————

"나를 죽이지 못하는 것은 나를 더 강하게 만든다."

📖 『도덕의 계보』중에서

———— " ————

　고난과 시련은 삶의 일부다. 우리는 실패를 경험하고, 상실을 겪으며, 때로는 극복할 수 없을 것 같은 절망 속에 빠진다. 하지만 니체는 고난을 피하려는 태도가 인간을 나약하게 만들 뿐이라고 경고한다. 진정으로 강한 자는 고통을 회피하는 것이 아니라, 자신의 일부로 받아들이고 성장의 계기로 삼는 자다. 그대는 고통을 피하려 하는가, 아니면 그것을 통해 더 강한 존재로 거듭날 것인가?

———— " ————

**"고통 없는 삶은 빈약한 삶이다. 모든 위대한 것은
고통을 통과한 후에야 비로소 완성된다."**

📖 『즐거운 학문』중에서

———— " ————

　우리는 고통을 불행으로 여기지만, 니체는 삶을 긍정하는 자는

고통까지도 긍정할 수 있어야 한다고 말한다. 고통을 두려워하는 것은 곧 삶을 두려워하는 것과 같다. 시련을 외면하는 자는 결코 강해질 수 없다.

━━━━━━━ **"** ━━━━━━━

"상처를 두려워하지 말라. 그것은 성장의 흔적이다."

📖 『우상의 황혼』중에서

━━━━━━━ **"** ━━━━━━━

우리는 상처받기를 두려워한다. 하지만 니체는 상처야말로 우리가 살아왔다는 증거이며, 더 강한 존재로 나아가는 과정이라고 말한다. 삶에서 피할 수 없는 고통이라면, 그것을 온전히 받아들이고 의미를 찾는 것이 더 강한 자의 태도다.

고통을 넘어 강해지기
(운명을 사랑하는 자가 되는 법)

삶은 예측할 수 없는 고난과 시련으로 가득하다. 우리는 실패를 경험하고, 원치 않는 상황에 부딪히며, 때로는 감당하기 어려운 상실을 겪는다. 많은 사람들은 이러한 시련을 피하고 싶어 하며, 불행의 원인이라고 생각한다. 하지만 니체는 고통을 피하려는 태도가 인간을 더욱 나약하게 만들 뿐이라고 경고한다.

그는 **"나를 죽이지 못하는 것은 나를 더욱 강하게 만든다."**라고 선언하며, 고통을 단순히 참고 견디는 것이 아니라, 그것을 성장의 원동력으로 전환해야 한다고 강조한다. 즉, 고난을 삶의 필연적인 일부로 받아들이고, 그것을 통해 더 강한 존재로 거듭나는 태도야말로 운명애(Amor Fati)의 본질이다.

우리는 흔히 더 나은 미래를 위해 현재의 어려움을 견뎌야 한다고 생각한다. 그러나 니체는 고통을 단순히 참아내는 것이 아니라, 그것을 삶의 일부로 받아들이고 성장의 원동력으로 삼아야 한다고 말한다. 고통은 극복해야 할 장애물이 아니라, 우리를 더 강한 존재로 만들 수 있는 기회다. 그러나 고통을 긍정한다는 것은 단순히 견디는 것이 아니라, 그것을 자신의 일부로 받아들이는 태도를 의미한다. 그렇다면 우리는 어떻게 고통을 삶 속에서 능동적으로 받아들일 수 있을까?

✔ 삶의 모든 순간은 필연적이다. 고난을 원망하지 말고, 그것을 온전히 긍정하라.

→ 우리가 경험하는 모든 순간은 필연적이다. 고난을 원망하는 것이 아니라, 그것을 인정할 때 우리는 더 이상 삶에 휘둘리지 않는다.

✔ 고통을 두려워하지 말라. 그것을 자신의 일부로 만들 때, 우리는 더욱 강해진다.

→ 고통을 피하려는 순간, 우리는 나약해진다. 그러나 그것을 받아들일 때, 우리는 삶을 더욱 강하게 살아갈 수 있다.

✔ 운명을 거부하는 것이 아니라, 그것을 기꺼이 자신의 것으로 받아들이는 태도를 가져라.

→ 운명을 거부하는 것은 곧 삶을 거부하는 것이다. 있는 그대로 받아들이고, 그것을 창조적으로 변화시키는 태도가 필요하다.

니체는 우리에게 삶에 대한 근본적인 태도를 묻는다.

"삶의 모든 순간을 사랑하라. 그것이 반복될지라도 기꺼이 받아들일 수 있어야 한다."

운명애는 수동적인 체념이 아니다. 그것은 주어진 현실을 능동적으로 받아들이고, 자신의 삶을 창조적으로 변화시키는 태도다. 삶의 모든 순간을 긍정할 때, 우리는 더 이상 외부 환경에 의해 휘둘리지 않고, 자신의 운명을 스스로 만들어갈 수 있다.

미래를 두려워하지 말고, 지금 이 순간을 살아라

우리는 종종 불확실한 미래를 걱정하며 현재를 소홀히 한다. 하지만 니체는 미래에 대한 두려움이 오히려 현재를 살지 못하게 만든다고 경고한다. 미래를 향한 불안이 우리를 사로잡는 순간, 우리는 지금 이 순간을 온전히 경험할 기회를 잃어버린다.

그러나 진정한 삶이란 미래를 걱정하는 것이 아니라, 현재를 충실히 살아가는 것이다. 그렇다면 우리는 어떻게 불안에서 벗어나 지금을 온전히 살 수 있을까?

✔ **미래를 불안해하는 대신, 지금 이 순간을 온전히 경험하라.**

→ 불확실한 미래를 고민하는 것은 의미가 없다. 우리는 오직 현재를 살 때만이 삶을 온전히 느낄 수 있다.

✔ **운명을 사랑하는 자는 미래를 두려워하지 않으며, 현재를 충실하게 살아간다.**

→ 미래를 걱정하는 삶은 운명에 대한 신뢰가 없는 삶이다. 운명애를 실

천하는 자는 주어진 현실을 받아들이고, 현재를 적극적으로 살아간다.

✔ 이 순간이 다시 반복된다고 해도 후회 없는 삶을 선택하라.

→ 우리가 살아가는 이 순간이 영원히 반복된다고 가정할 때, 그것이 두려운 삶이 아니라 긍정할 수 있는 삶이 되어야 한다.

니체는 우리가 어디에 초점을 맞추어야 하는지 되묻는다.

"미래를 두려워하는 자는 현재를 잃어버린다."

운명을 사랑하는 자는 과거를 후회하지 않으며, 미래를 걱정하지 않는다. 그는 지금 이 순간을 충실히 살아가며, 삶을 온전히 긍정하는 방식을 선택한다. 과거의 후회와 미래의 불안에서 벗어나 오직 현재를 살아갈 때, 우리는 비로소 자유로워질 수 있다.

니체에게 배우는 통찰

"

"너의 운명을 사랑하라.
그리고 그것을 네 손으로 만들어가라."

📖 『차라투스트라는 이렇게 말했다』중에서

"

삶을 긍정하는 것은 단순한 체념이 아니다. 그것은 능동적으로 자기 운명을 창조하는 과정이며, 자기 존재를 초월하는 길이다. 니체는 우리가 불확실한 세상 속에서도 스스로 의미를 부여하고, 자기만의 길을 개척해야 한다고 강조한다. 삶을 긍정하는 자만 이 자신의 삶을 창조하고, 더 높은 존재로 나아갈 수 있다.

"

"삶을 긍정하는 자는 고통까지도 사랑할 수 있어야 한다."

📖 『차라투스트라는 이렇게 말했다』중에서

"

운명을 사랑한다는 것은 단순히 현실을 받아들이는 것이 아니다. 그것은 삶의 모든 순간을 긍정하고, 자신의 선택과 경험을 온전히 끌어안는 것이다. 고통을 두려워하지 않는 자만이 진정으로 자유로울 수 있다. 그대는 자신의 운명을 온전히 긍정할 준비가 되었는가?

> ## "너는 너의 길을 만들고 있는가,
> ## 아니면 남이 만든 길을 걷고 있는가?"
>
> 📖 『도덕의 계보』중에서

운명을 받아들이는 것은 단순한 순응이 아니라, 자신만의 길을 만들어가는 것이다. 니체는 기존의 가치에 기대어 사는 것이 아니라, 스스로의 길을 개척하는 것이야말로 삶을 긍정하는 태도라고 보았다. 당신은 지금, 정말 자신의 길을 걷고 있는가?

고난 속에서 성장하는 법

고난과 시련은 누구에게나 찾아온다. 그러나 그것을 어떻게 받아들이느냐에 따라 삶의 방향이 결정된다. 니체는 고통을 피하는 것이 아니라, 그것을 성장의 원동력으로 삼아야 한다고 강조한다. 고난을 회피하지 말고, 그 속에서 의미를 찾고, 자기 자신을 단련하는 기회로 삼아야 한다.

✔ 과거를 짊어지지 말고, 그것을 발판으로 삼아라

• 이미 지나간 일은 바꿀 수 없다. 그러나 그것을 받아들이는 방식은 선택할 수 있다.

• 실수와 실패를 원망하는 것이 아니라, 그것이 나를 단련하는 과정이었음을 깨달아라.

• 후회 속에 머물지 말고, 과거를 삶의 일부로 받아들이며 앞으로 나아가라.

✔ 미래의 두려움을 떨쳐내고, 지금을 살아라

- 미래를 걱정하는 순간, 우리는 현재의 삶을 놓치게 된다.
- 운명을 사랑하는 자는 불확실한 내일에 흔들리지 않고, 오늘을 온전히 살아간다.
- 삶은 '지금, 여기'에서 이루어진다. 현재를 긍정하는 것이 곧 운명애의 실천이다.

✔ 고난을 피하지 말고, 그것을 성장의 기회로 삼아라
- 시련을 부정적으로 보는 순간, 그것에 지배당하게 된다.
- 니체는 "나를 죽이지 못하는 것은 나를 더 강하게 만든다."라고 말한다. 고통을 피하려는 것이 아니라, 그것을 자기 극복의 원동력으로 삼아라.
- 고난을 외면하는 태도는 결국 허무주의로 이어진다. 두려워하지 말고, 그것을 너의 일부로 만들어라.

✔ 자기 극복을 실천하며, 끝없이 성장하라
- 현재 상태에 안주하는 것은 곧 퇴보를 의미한다.
- 초인은 끊임없이 스스로를 극복하며, 더 나은 존재가 된다.
- "너 자신이 되어라." 타인이 원하는 모습이 아니라, 네가 원하는 방향으로 변화하라.

✔ 영원회귀를 떠올리며, 삶을 온전히 긍정하라
- "지금 이 순간이 영원히 반복된다면, 그것을 기꺼이 받아들일 수 있는가?"
- 이 질문에 '그렇다'라고 답할 수 있을 때, 운명애는 실천된다.
- 삶을 온전히 긍정하고, 모든 순간을 사랑하는 태도를 가져라.

✔ 운명을 사랑하라 – 그것이 강한 자의 철학이다

• 운명애란 단순한 체념이 아니라, 삶을 창조하는 태도이다.

• 고난과 시련조차 내 삶의 일부로 받아들이고, 그것을 의미 있는 경험으로 바꿔라.

🪄 5장

초인을 향한 여정

초인의 탄생
(기존 가치를 넘어선 새로운 인간상)

"그대는 초인이 될 준비가 되었는가?"

인간은 단순히 주어진 환경에 적응하는 존재가 아니다. 니체는 우리가 자기 자신을 극복하고, 기존의 가치에서 벗어나, 새로운 가치를 창조하는 존재로 변화해야 한다고 강조한다. 초인 (Übermensch)이란 단순한 이상이 아니라, 자신의 삶을 주체적으로 개척하며, 기존 질서와 도덕을 넘어서는 강한 존재를 의미한다.

기존 도덕에서 벗어나라

니체는 기존 도덕이 인간을 나약하게 만든다고 비판한다. 기독교적 가치와 사회적 규범은 희생과 순종을 미덕으로 삼으며, 개인이 자신의 본능과 창조적 에너지를 긍정하는 것을 막는다. 특히 노예의 도덕은 약자가 자신의 나약함을 정당화하며 복종과 겸손을 미덕으로 삼는 가치 체계다. 하지만 초인은 이에 얽매이지 않고, 스스로 기준을 세우며 자신의 삶을 주체적으로 창조한다. 중요한 것은 타인의 기대가 아니라, 자기 자신에게 충실한 삶을 살아가는 것이다. 그렇다면 우리는 사회가 만들어놓은 가치에 순응하며 살아가고 있는가, 스스로의 기준을 세우고 있는가?

→ 대부분의 사람들은 무의식적으로 기존 도덕과 사회적 가치에 따라 살아가며, 정해진 규범을 벗어나길 두려워한다. 그러나 진정한 자유는 자신이 믿고 따를 가치를 스스로 결정하는 데서 시작된다. 초인은 단순히 기존 도덕을 거부하는 것이 아니라, 그것을 초월하여 자신만의 새로운 가치를 창조하는 존재다.

주어진 삶을 초월하고 자기 자신을 창조하라

니체는 인간을 '될 존재(Werden)'로 정의하며, 끊임없이 변화하고 성장해야 한다고 보았다. 그러나 많은 사람들은 현재에 안주하며 주어진 환경에 적응하려 한다. 반면 초인은 자신을 극복하며 스스로를 새롭게 창조하는 존재다. 그는 타인의 기준이 아닌, 자신의 내면에서 나오는 힘으로 삶을 형성한다. 중요한 것은 현실을 수동적으로 받아들이지 않고, 능동적으로 변화시키려는 태도다. 그렇다면 우리는 과연 지금보다 더 나아지려는 노력을 하고 있는가? 우리는 지금 자기 자신을 창조하고 있는가?

→ 많은 사람들은 현실에 만족하며, 스스로를 변화시키려는 노력을 미루거나 포기한다. 그러나 자기 자신을 창조하는 삶은 스스로의 한계를 넘어서려는 태도에서 시작된다. 초인은 환경의 지배를 받는 것이 아니라, 자신의 의지로 환경을 바꾸어 나간다. 더 나아지고 싶다면, 현재 상태를 당연한 것으로 받아들이지 말고, 끊임없이 자신을 성장시켜야 한다. 자기 극복이야말로 인간을 진정으로 자유롭게 만드는 길이다.

허무주의를 극복하고 삶을 긍정하라

기존 도덕과 가치가 무너질 때, 인간은 허무주의에 빠질 위험이 커지며, 믿어왔던 것들이 더 이상 의미를 갖지 못할 때, 삶은 공허하게 느껴진다. 하지만 초인은 허무를 두려워하지 않는다. 그는 단순한 부정을 넘어, 새로운 의미를 창조할 기회로 삼는다. 허무는 끝이 아니라 시작이며, 기존 가치의 소멸은 새로운 가치를 세울 가능성을 연다. 중요한 것은 허무에 압도되는 것이 아니라, 그 속에서 자기만의 의미를 만들어가는 태도다. 그렇다면 우리는 가치가 사라질 때, 허무에 머무르는가? 아니면 새로운 의미를 창조하는가?

→ 대부분의 사람들은 기존 가치가 붕괴될 때 상실감에 빠지고 방향을 잃는다. 그러나 허무를 피하려 하기보다는, 그것을 하나의 전환점으로 삼아야 한다. 초인은 허무 속에서 새로운 가능성을 발견하며, 스스로 의미를 창조하는 자다. 삶을 긍정한다는 것은 단순히 희망을 가지는 것이 아니라, 허무를 받아들이면서도 그 속에서

자기만의 가치를 만들어가는 과정이다.

힘에의 의지를 실천하라

니체는 인간이 단순히 생존하는 것이 아니라, 자신의 내면에 있는 힘을 끌어내고 극대화할 때 비로소 초인이 된다고 보았다. 초인은 환경에 순응하는 것이 아니라, 주어진 조건을 뛰어넘어 스스로의 길을 개척한다. 그는 타인의 기대나 외부의 기준에 따라 움직이지 않고, 자신의 힘과 능력을 적극적으로 발휘하며 삶을 창조해 나간다. 중요한 것은 변화와 도전을 두려워하지 않고, 자기 자신을 끊임없이 확장하는 태도다. 그렇다면 우리는 스스로의 힘을 충분히 발휘하며 살아가고 있는가? 우리는 우리의 삶을 창조하고 있는가?

→ 사람들은 자신의 가능성을 스스로 제한하며 살아간다. 익숙한 환경에 안주하고, 변화를 두려워하며, 주어진 조건 안에서만 움직인다. 그러나 초인은 자신이 가진 힘을 끌어올리고, 현실을 능동적으로 바꾸어간다. 스스로를 단련하고 도전하며, 삶을 창조해나가는 것이야말로 힘에의 의지를 실천하는 길이다.

초인의 길을 향해

니체가 말하는 초인은 단순한 개념이 아닌 기존 질서에 안주하지 않고, 스스로의 한계를 넘어 새로운 가치를 창조하는 존재를 말한다. 대부분의 사람들은 익숙한 가치 속에서 살아가지만, 초인은 그 틀을 깨고 자신의 길을 개척한다. 중요한 것은 주어진 삶을 그대로 받아들이는 것이 아니라, 자신의 힘으로 새로운 가능성을 열어나가는 태도다. 그렇다면 우리는 여전히 기존의 가치 속에서 머물러 있을 것인가, 아니면 우리만의 새로운 길을 개척할 것인가?

→ 대다수의 사람들은 변화의 두려움 속에서 익숙한 삶을 선택한다. 그러나 초인은 자신을 끊임없이 극복하며, 새로운 길을 개척하는 자다. 스스로에게 '나는 초인의 길을 갈 준비가 되었는가?'라고 물어보라. 이 질문 앞에서 '그렇다!'라고 답할 수 있을 때, 우리는 비로소 초인의 여정을 시작할 수 있다.

니체에게 배우는 통찰

"

"그대는 초인이 될 용기가 있는가?"

📖 『차라투스트라는 이렇게 말했다』중에서

"

니체는 인간이 단순한 순응적 존재로 머무르는 것이 아니라, 끊임없이 자기 자신을 극복하고 더 높은 존재로 나아가야 한다고 강조한다. 초인이란 기존의 도덕과 사회적 가치에 얽매이지 않고, 스스로 가치를 창조하며 자신의 길을 개척하는 자다. 당신은 지금 주어진 삶에 만족하는가, 아니면 자기 자신을 넘어 새로운 길을 찾을 것인가?

"

"그대는 새로운 가치를 창조할 용기가 있는가?"

📖 『도덕의 계보』중에서

"

기존의 가치는 우리에게 안전함을 제공하지만, 그것이 반드시 더 나은 삶을 보장하는 것은 아니다. 초인은 단순히 기존의 가치를 부정하는 것이 아니라, 자신만의 새로운 가치를 창조하는 존재다. 우리는 변화의 가능성을 외면하며 타인의 기준 속에서 살아가고 있지는 않은가? 스스로에게 물어보라. '나는 내 삶을 창조하고 있는가?'

""

**"초인은 현실을 부정하는 것이 아니라,
현실을 새롭게 창조하는 자다."**

📖 『즐거운 학문』중에서

""

초인이 된다는 것은 단순히 기존 가치를 거부하는 것이 아니다. 그것은 현실을 능동적으로 변화시키고, 새로운 의미를 창조하는 것이다. 당신은 단순히 기존 질서를 부정하는 자인가, 아니면 새로운 삶을 창조하는 자인가?

초인의 도덕
(기존 가치를 넘어 새로운 삶을 설계하라)

　초인은 단순히 기존 도덕을 부정하는 존재가 아니다. 그는 더 이상 타인의 기준을 따르지 않고, 자신의 삶을 창조하는 자다. 기존 도덕은 특정한 사회적 환경과 권력 구조 속에서 형성된 것이며, 단순한 윤리적 기준이 아니다. 그러나 초인은 단순히 과거의 도덕을 거부하는 것이 아니라, 스스로의 힘으로 새로운 의미를 창조하는 존재다. 그는 강자의 도덕을 따르는 것이 아니라, 자기 자신만의 기준을 만들어간다.

　기존 도덕을 넘어서야 하는 이유는 단순한 반항이 아니라, 자기 실현을 위한 필수 과정이다. 그렇다면 우리는 어떤 가치를 만들 것인가? 무너진 가치의 자리에서 새로운 삶을 설계하는 것이 초인의 길이다.

노예의 도덕이 인간을 약하게 만드는 이유

노예의 도덕을 따르는 사람들은 자신의 약함을 인정하지 않고, 강한 자들을 악으로 규정함으로써 도덕적 우월감을 얻으려 한다. 예를 들어, 능력이 부족한 사람이 성공한 사람을 보며 '저 사람은 부정한 방법으로 성공했을 것이다.'라고 비난하는 태도는 이러한 사고방식을 잘 보여준디. 그러나 이는 자기 성장으로 이어지지 않고, 오히려 불평과 원한(ressentiment)을 키우는 결과를 초래한다.

노예의 도덕은 개인이 자신의 힘을 발휘하는 것을 억제하며, 모두가 동일하게 행동해야 한다는 강요를 만들어낸다. 니체는 이러한 노예의 도덕의 대표적인 예로 기독교 도덕을 지목하는데 기독교는 겸손, 자기희생, 금욕을 강조하며, 강한 자가 자신의 힘을 자유롭게 펼치는 것을 억제한다고 본다. 이는 인간의 본능적 에너지를 제한하고, 창조적 가능성을 억압하는 역할을 한다.

노예의 도덕을 따르는 자들은 외부 환경을 탓하는 경향이 강하다. 자신의 삶을 변화시키려 하기보다는 나약함을 정당화하는데 집중하며, 현실을 개선하려는 노력 대신 강한 자를 비난하는데 에너지를 쏟는다. 이는 자기 성장과 발전을 가로막고, 능동적으로 삶을 개척할 기회를 잃게 만든다.

주인의 도덕을 실천하는 법

주인의 도덕을 따르는 자는 타인의 시선이나 사회적 기준에 의해 자신의 가치를 평가하지 않는다. 자신의 가능성을 긍정하며, 외부의 규범에 의존하지 않고 스스로 의미를 만들어간다.

강한 자는 자신의 삶에 대해 남을 탓하지 않는다. 실패의 원인을 외부에서 찾기보다는, 그것을 어떻게 극복할 것인지 고민하며 해결책을 모색한다. 스스로의 행동에 책임을 지고, 능동적으로 삶을 개척하는 것이야말로 진정한 강자의 자세다.

주인의 도덕을 실천하는 사람은 자신의 능력을 숨기거나 억제하지 않는다. 그는 자신이 가진 힘을 최대한 활용하며, 창조적인 방식으로 삶을 개척해 나간다. 중요한 것은 스스로에게 '그대는 어제보다 더 나아졌는가?'라는 질문을 던지며, 끊임없이 자기 발전의 길을 찾는 것이다.

노예의 도덕을 따르는 사람들은 강한 자에 대한 원한을 품고 살아간다. 자신의 나약함을 정당화하기 위해 타인을 비난하는 데 집중하지만, 주인의 도덕을 실천하는 사람은 불평과 비난에 시간을 낭비하지 않는다. 그는 자신의 가능성을 발견하고 그것을 실현하는 데 집중한다.

니체가 말하는 강자의 도덕은 단순히 힘을 가진 자의 도덕이 아니다. 그것은 스스로 삶을 개척하고, 타인의 기준이 아닌 자기 자신의 기준으로 살아가는 태도다. 우리는 과연 자신의 삶을 주체적으로 살아가고 있는가? 혹시 타인의 평가와 사회적 규범 속에서 스스로를 억압하며 살고 있지는 않은가? 강한 자는 타인의 시선을 의식하며 사는 것이 아니라, 자기 삶의 방향을 스스로 결정하는 존재다. 그는 불평과 원한(ressentiment) 속에 머물러 있지 않으며, 창조적 태도를 가지고 자신의 삶을 개척하는 데 집중한다.

"그대는 강한 자의 길을 갈 준비가 되었는가?"

이 질문에 '그렇다!'라고 답할 수 있을 때, 우리는 비로소 주인의 도덕을 실천하는 존재가 될 것이다.

❝

"강한 자는 새로운 가치를 창조하고,
약한 자는 그것을 비난하며 스스로를 선이라 부른다."

📖 『도덕의 계보』중에서

❞

니체는 도덕이 절대적인 것이 아니라, 특정한 사회적 배경과 권력 구조 속에서 형성된 것이라고 보았다. 도덕은 본래 강한 자와 약한 자의 이해관계를 반영한 결과이며, 그것이 형성된 과정 자체를 살펴볼 필요가 있다고 주장한다. 우리는 흔히 '선'과 '악'이 절대적인 기준이라고 믿지만, 그것은 누군가의 필요에 의해 만들어진 것일 수도 있다. 기존의 도덕이 우리를 옭아매고 있다면, 우리는 그것을 의심하고 새로운 가치를 창조해야 한다.

❝

"노예는 강한 자를 악하다고 말하며,
자신의 나약함을 선이라 포장한다."

📖 『우상의 황혼』중에서

❞

니체는 도덕을 주인의 도덕과 노예의 도덕으로 나누며, 각각의 도덕이 어떻게 형성되었는지를 분석한다. 강한 자는 자기 긍정과 창조성을 기반으로 새로운 가치를 세우고, 삶을 능동적으로 개척하는 존재였다. 반면, 약한 자는 스스로를 정당화하기 위해 기존의 강한 자를 비난하며, 자신의 나약함을 미덕으로 삼는 도덕을 만들어냈다. 그들은 능력 있는 자들을 '악'이라 규정하고, 자신의 희생과 겸손을 '선'이라 포장한다. 그러나 니체는 이러한 도덕이 인간을 더욱 수동적인 존재로 만들 뿐이며, 우리가 진정 자유롭기 위해서는 기존의 가치에서 벗어나 스스로 새로운 기준을 세워야 한다고 강조한다.

―――――――――― **"** ――――――――――

"진정한 강함은 자기 자신을 속이지 않는 데서 시작된다."

📖 『즐거운 학문』중에서

―――――――――― **"** ――――――――――

니체는 강한 자는 자신의 삶을 정직하게 직면할 수 있는 자라고 보았다. 반면, 약한 자는 현실을 부정하고 거짓된 가치를 만들어낸다. 강해지려면 먼저 자신이 누구인지, 그리고 무엇을 원하는지 솔직하게 마주해야 한다. 당신은 스스로를 정직하게 바라보고 있는가?

삶을 창조하는 실천
『차라투스트라』에서 배우는 초인의 길

니체의 초인(Übermensch)은 단순한 개념이 아니라 실천해야 할 목표이다. 그는 『차라투스트라는 이렇게 말했다』에서 초인이 되기 위한 길을 구체적으로 제시하며, 인간이 기존의 가치 체계를 넘어서 새로운 삶을 창조해야 한다고 강조한다. 초인은 타인의 기준에 얽매이지 않고 자기 삶을 스스로 설계하는 존재이며, 허무주의에 빠지지 않고 끊임없이 변화하고 성장하는 자이다. 그렇다면, 우리는 어떻게 초인의 길을 실천할 수 있을까?

초인이 되기 위한 세 단계 - 낙타, 사자, 어린아이
니체는 인간이 초인으로 나아가는 과정에서 세 가지 단계를 거친다고 말한다.

첫째, 낙타 - 기존의 가치를 짊어진 인간

낙타는 사회가 부여한 가치와 규범을 무비판적으로 받아들이며 살아가는 인간을 의미한다. 그는 자신이 받은 도덕적 의무와 사회적 기대를 짊어지고 묵묵히 따르지만, 그 과정에서 자신의 본질적 힘을 발견하지 못한다. 이 단계에서 인간은 주어진 규범을 따르며 살아가지만, 그것이 과연 자신에게 진정한 의미가 있는지 고민하지 않는다.

둘째, 사자 - 기존 가치를 거부하고 자유를 선언하는 인간

사자는 기존 도덕과 사회적 규범에 저항하며 스스로 자유를 쟁취하려는 존재이다. 그는 더 이상 외부의 규율을 맹목적으로 따르지 않고, 기존 질서에 반항한다. 그러나 사자는 단순한 부정의 상태에 머물러 있으며, 아직 새로운 가치를 창조하지는 못한다. 그는 낡은 가치를 부수었지만, 무엇을 대신 세울지에 대한 해답을 찾지 못한 상태이다.

셋째, 어린아이 - 새로운 가치를 창조하는 인간

어린아이는 완전히 새로운 시작을 의미한다. 그는 과거의 가치에서 완전히 벗어나, 스스로 의미를 창조하며 삶을 능동적으로 개척하는 존재이다. 기존 질서를 단순히 부정하는 것이 아니라, 자기만의 철학과 가치를 만들어가는 창조적 인간이다. 이 단계에 이른 자만이 진정한 초인의 길을 걷는 것이다.

초인은 주어진 가치 체계를 그대로 따르지 않는다. 그는 '나는 무엇을 믿고 있는가?'라는 질문을 끊임없이 던지며, 자신의 삶을 주체적으로 구성한다. 기존의 도덕과 사회적 규범이 과연 나를 성장시키는가, 아니면 나를 억압하는가? 이것을 판단하는 것이 초인의 첫걸음이다.

초인은 남이 정해준 길을 걷지 않는다. 그는 '나는 어떤 삶을 살고 싶은가?' 라는 질문을 스스로에게 던지며, 기존의 가치에 머무르지 않고 새로운 가치를 창조하는 존재이다. 삶을 창조한다는 것은 단순한 변화가 아니라, 끊임없이 자기 자신을 극복하고 더 나은 존재로 성장하는 과정이다.

초인은 고통을 피하지 않는다. 니체는 **"고통 없는 삶은 빈약한 삶이다."**라고 말하며, 삶의 시련을 피하는 것이 아니라 그것을 성장의 기회로 삼아야 한다고 강조한다. 인간은 고난 속에서 단련되며, 그것을 긍정적으로 받아들일 때만이 더 높은 단계로 나아갈 수 있다.

"이 순간이 영원히 반복된다면, 기꺼이 받아들일 수 있는가?"

니체는 영원회귀(Ewige Wiederkehr) 개념을 통해, 인간이 자신의 삶을 온전히 긍정할 수 있는지를 시험한다. 초인은 자신의 모든 순간을 기꺼이 반복할 수 있는 자이며, 이는 삶을 창조적으로 긍정하는 태도를 의미한다.

니체의 초인은 단순히 기존 가치에 반항하는 존재가 아닌, 스스로 새로운 가치를 창조하고, 자기 삶의 주인이 되는 존재이다. 그러나 우리는 여전히 타인의 기준과 기존의 가치에 얽매여 살아가고 있지는 않은가? 초인의 길을 걷기 위해서는 기존의 가치에 대한 의문을 던지는 것부터 시작해야 한다.

초인은 삶의 고통과 시련을 피하지 않는다. 오히려 그것을 성장의 기회로 삼고, 자기 극복을 실천하는 존재이다. 우리는 실패와 고난을 두려워할 것이 아니라, 그것을 더 높은 존재로 나아가기 위한 발판으로 삼아야 한다. 그리고 스스로에게 질문해보라.

'이 순간이 영원히 반복된다면, 그것을 긍정할 수 있는가?'

이 질문에 기꺼이 '그렇다!' 라고 답할 수 있다면, 그것이야말로 초인의 길을 실천하는 첫걸음이다.

니체는 우리에게 묻는다.

"그대는 초인의 길을 실천할 준비가 되었는가?"

이 질문 앞에서 '그렇다!' 라고 외칠 수 있을 때, 우리는 비로소 자기 삶의 창조자로서 살아갈 준비가 된 것이다.

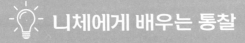

니체에게 배우는 통찰

─── " ───

"낙타에서 사자로, 사자에서 어린아이로 변하라."

📖 『차라투스트라는 이렇게 말했다』중에서

─── " ───

초인의 길은 한 번의 도약이 아니다. 기존 가치를 짊어진 '낙타'의 상태를 벗어나려면, 먼저 '사자'가 되어 그것을 부정해야 한다. 그러나 여기서 멈추면 단순한 반항에 불과하다. 진정한 창조는 '어린아이'의 단계에서 이루어진다. 우리는 과연 새로운 가치를 창조할 준비가 되어 있는가?

─── " ───

"이 순간을 영원히 반복할 수 있는가?"

📖 『즐거운 학문』중에서

─── " ───

니체의 영원회귀 사상은 삶을 대하는 태도를 근본적으로 바꾼다. 만약 지금의 삶이 무한히 반복된다면, 우리는 그것을 긍정할수 있을까? 후회 없이, 온전히 살아가고 있는가? 초인은 자신의 모든 순간을 긍정하며, 그것을 반복할 수 있는 존재이다.

> "
> **"진정한 창조는 모든 것을**
> **처음처럼 대하는 태도에서 시작된다."**
>
> 📖 『도덕의 계보』중에서
>
> "

　니체는 우리가 기존 가치에서 벗어나려면, 모든 것을 새롭게 바라보는 능력이 필요하다고 말한다. 어린아이가 가진 순수한 창조성처럼, 우리는 삶을 새로운 시선으로 재구성할 수 있어야 한다. 당신은 지금, 매 순간을 새롭게 받아들이고 있는가?

자신의 한계를 뛰어넘는 초인의 실천법

니체의 철학에서 초인이 된다는 것은 단순한 이상이 아니다. 그것은 끊임없는 실천을 통해 이루어지는 과정이다. 초인은 주어진 가치를 그대로 따르는 존재가 아니라, 스스로 가치를 창조하고 자기 삶을 개척하는 존재이다. 그렇다면 우리는 어떻게 초인의 길을 실천할 수 있을까?

✔ 타인의 가치가 아니라, 자기만의 기준을 만들어라

- 우리는 태어나면서부터 사회가 정한 도덕과 규범 속에서 성장한다. 그러나 그것이 항상 옳은 것인가? 모든 도덕과 규범은 특정한 시대와 환경 속에서 형성된 것이다.
- 자신이 따르는 가치가 진정한 의미가 있는지, 그것이 나를 성장시키는가 혹은 억압하는가를 점검하라.
- 기존의 규범을 그대로 따르는 것이 아니라, 자기만의 기준을 세우고 스스로 의미를 창조하는 태도를 가져라.

✔ 나약함을 합리화하지 말고, 강한 존재로 성장하라

• 강한 자는 자신의 운명을 긍정하며, 스스로 삶을 만들어 나간다. 그러나 많은 사람들은 자신의 나약함을 합리화하며, 환경과 타인을 탓하는 데 머물러 있다.

• 타인의 평가에 흔들리지 않고, 내면의 신념을 따르는가를 스스로에게 물어보라.

• 불만과 원한 속에 머무르지 말고, 자기 극복을 통해 더 나은 존재로 성장하는 길을 선택하라.

✔ 낙타에서 사자로, 그리고 어린아이로 변화하라

• 니체는 인간이 초인이 되기 위한 3가지 단계를 제시한다.

- **낙타** : 기존 가치에 순응하며 짊어지고 가는 존재

- **사자** : 기존 가치를 부정하고, 자신의 자유를 선언하는 존재

- **어린아이** : 새로운 가치를 창조하는 존재

• 자신이 지금 어느 단계에 있는지를 성찰하고, 초인의 길로 나아가기 위해 기존의 가치에서 벗어나야 한다.

✔ 기존 가치의 붕괴를 두려워 말고, 새로운 삶을 설계하라

• 기존 가치가 무너질 때 우리는 혼란을 겪고, 허무주의에 빠질 수도 있다. 그러나 허무주의는 새로운 시작의 기회이기도 하다.

• 허무주의를 극복하는 방법은 단순한 부정이 아니라, 창조적 실천을 통해 자기 삶을 만들어 나가는 것이다.

• 니체는 허무주의를 극복하고, 새로운 의미를 창조할 용기를 가지라고 말한다.

✔ '힘에의 의지'를 실천하라

• 니체는 인간이 가진 본질적인 에너지를 '힘에의 의지'라고 보았다. 초인은 단순히 생존하는 것이 아니라, 끊임없이 자기 능력을 확장하고, 새로운 가치를 창조하는 존재이다.

• 우리는 스스로에게 물어야 한다

- 나는 내 삶을 능동적으로 개척하고 있는가?

- 주어진 현실에 안주하는가, 아니면 도전하는가?

- 자기 극복을 통해 더 나은 존재로 성장하고 있는가?

• 초인은 단순히 강한 존재가 아니라, 자신의 가능성을 최대한 발휘하는 존재이다.

✔ 영원회귀의 질문을 던져라

• 니체는 삶을 긍정할 수 있는 강력한 질문을 던진다.

"이 순간이 영원히 반복된다면, 그것을 긍정할 수 있는가?"

• 자신의 삶이 지금 이대로 끝없이 반복된다고 가정했을 때, 그것을 기꺼이 받아들일 수 있는가?

• 만약 그렇지 않다면, 무엇을 바꾸어야 하는가?

• 초인은 자신의 삶을 온전히 긍정하는 존재이다. 그는 과거를 후회하지 않고, 미래를 두려워하지 않으며, 현재를 온전히 살아간다.

6장

영원회귀의 도전

영원회귀란 무엇인가
(반복되는 삶을 마주하는 철학적 질문)

우리는 단 한 번만 사는 존재일까, 아니면 우리가 살아가는 이 순간이 무한히 반복될까? 니체는 『즐거운 학문』과 『차라투스트라는 이렇게 말했다』에서 '영원회귀(Ewige Wiederkehr)'라는 개념을 제시하며, 인간이 자신의 삶을 어떻게 받아들여야 하는지에 대한 철학적 질문을 던진다. 이 개념은 단순한 이론이 아니라, 삶을 대하는 태도를 근본적으로 변화시키는 도전이다.

니체는 우리에게 묻는다.
"이 순간이 영원히 반복된다면, 그대는 견딜 수 있겠는가?"

이 질문은 단순한 철학적 가설이 아니라, 우리가 삶을 긍정할 수 있는지를 시험하는 강력한 기준이다. 우리는 흔히 현재를 당연하게 흘려보내지만, 만약 지금의 순간이 무한히 반복된다고 가정한다면 과연 지금처럼 살아도 괜찮을까? 같은 실수를 반복하고, 같은 순간을 맞이하는 것을 기꺼이 받아들일 수 있을까?

영원회귀: 허무를 넘어 삶을 긍정하라

니체는 영원회귀를 반복이 아니라, 삶을 긍정하는 최종 시험이라고 보았다. 삶이 무한히 반복된다고 가정할 때, 우리는 과연 현재의 순간을 사랑할 수 있는가? 이 질문에 답할 수 있어야 한다.

만약 오늘의 선택이 영원히 반복된다면, 우리는 더 나은 선택을 해야 하지 않을까? 영원회귀는 단순한 철학적 개념이 아니다. 그것은 우리가 순간을 허비하지 않도록 하는 도구이며, 지금 이 순간이 영원할 것처럼 살라는 도전이다.

"이 순간이 반복된다면, 나는 어떤 선택을 할 것인가?"

삶을 긍정한다는 것은 과거를 후회하지 않고, 미래를 기다리지 않으며, 현재를 충실히 살아가는 것이다. 허무에서 벗어나기 위해 필요한 것은 반복되는 삶을 긍정할 수 있는 힘이다.

영원회귀란 무엇인가?

니체는 삶이 단 한 번만 존재하는 것이 아니라, 무한히 반복된다고 가정하는 사고 실험을 제시한다. 하지만 이는 단순한 윤회 (輪廻) 개념이 아니다. 니체의 영원회귀는 삶을 대하는 태도를 변화시키기 위한 철학적 도구이다. 만약 우리가 살아가는 모든 순간이 동일하게 반복된다면, 우리는 지금 이 순간을 온전히 긍정할 수 있을까?

니체는 인간이 삶을 소극적으로 받아들이는 것이 아니라, 매 순간을 적극적으로 창조하는 태도를 가질 것을 요구한다. 영원회귀를 받아들이는 핵심 태도는 현재의 삶을 회피하거나 후회하지 않고, 있는 그대로 긍정하며 살아가는 것이다.

오늘의 선택이 영원히 반복된다면, 우리는 지금 어떻게 행동해야 할까? 만약 그 사실을 견딜 수 없다면, 이는 우리가 잘못된 삶을 살고 있다는 의미가 아닐까? 니체는 영원회귀 개념을 단순한 이론이 아니라, 자신이 '후회 없이 살고 있는가?'를 끊임없이 고민하게 만드는 철학적 도구로 사용한다. 삶이 무한히 반복된다고 가정할 때, 우리는 매 순간을 더 진지하게 받아들이고, 현재를 능동적으로 창조하며 살아가야 한다는 깨달음을 얻게 된다.

그렇다면 우리는 지금의 삶을 영원히 반복할 수 있는가?

→ 대부분의 사람들은 현재를 불만스럽게 여기며 후회를 반복한다. 그러나 영원회귀를 받아들이는 자는 삶을 소극적으로 소비하는 것이 아니라, 매 순간을 의미 있게 살아가려 한다. 지금 이 순간이 무한히 반복된다면, 우리는 더 나은 선택을 해야 하지 않을까? 우리가 후회 없이 살고 있다면, 영원한 반복조차 기꺼이 받아들일 수 있을 것이다.

우리는 종종 삶의 특정 순간을 지우고 싶어 하고, 피하고 싶어 한다. 그러나 영원회귀를 받아들이는 자는 삶의 모든 순간을 긍정하는 자다. 그는 단순히 좋은 순간만이 아니라, 고통과 시련조차도 자신의 일부로 받아들인다.

"나는 내 삶을 다시 한번 살고 싶다!"

니체는 이 말을 통해 우리가 삶을 후회 없이 살아야 할 이유를 강조한다. 삶이 영원히 반복된다면, 우리는 이 순간을 더 온전히 살아가야 할 이유를 깊이 깨닫게 되며, 과거를 후회하거나 미래를 두려워하는 것이 아닌 이 순간을 충실히 살아야 한다. 만약 현재의 선택이 영원히 반복된다고 가정한다면, 우리는 순간순간을 더욱 진지하게 받아들이고, 더 나은 선택을 하려는 의식을 가질 것이다. 이는 단순히 운명을 수용하는 것이 아니라, 자신의 삶을 능동적으로 창조하고 긍정하는 자세를 의미한다.

"지금 이 순간을 다시 살고 싶다고 말할 수 있는가?" 니체는 우리에게 이러한 질문을 던지며, 삶의 의미를 다시 생각하게 만든다. 그는 우리가 삶을 단순히 흘려보내는 것이 아니라, 매 순간을 진지하게 마주하고 스스로의 선택에 책임을 지도록 요구한다. 우리는 정말 순간순간을 의미 있게 살고 있는가?

→ 사람들은 과거를 후회하거나 미래를 걱정하며 현재를 소홀히 한다. 그러나 영원회귀를 받아들이는 자는 지금 이 순간이 다시 반복된다고 생각하며, 매 순간을 온전히 살아가려 한다. 우리가 현재

를 충실히 살아간다면, 설령 삶이 영원히 반복된다 해도 기꺼이 받아들일 수 있지 않을까? 순간을 의미 있게 살아가는 것이야말로 영원회귀의 핵심적 태도다.

영원회귀를 받아들이는 삶

니체는 영원회귀라는 개념을 통해 우리가 삶을 얼마나 진정으로 긍정하고 있는지를 확인하려 했다. 만약 우리가 지금 이 순간을 사랑하지 않는다면, 그것이 무한히 반복된다고 가정했을 때 과연 받아들일 수 있을까?

그는 이 질문을 통해 우리가 매 순간을 소중히 여기고, 삶을 후회 없이 충실하게 살아야 한다는 깨달음에 이르게 한다. 결국, 삶의 모든 순간을 긍정하고, 현재를 가장 충실한 순간으로 채우는 것이야말로 영원회귀를 받아들이는 삶의 본질이다.

삶이 오직 한 번 뿐이라면, 우리는 실수를 만회할 기회가 있다고 생각하며 현재의 순간을 가볍게 흘려 보낼 수도 있다. 그러나 영원회귀의 개념을 적용하면, 우리는 지금 이 순간을 더 진지하게 마주하게 된다. 순간순간이 다시 반복될 것이라면, 우리는 선택과 행동을 더 신중하게 고민해야 하지 않을까? 우리는 과연 현재를 온전히 긍정하며 살아가고 있는가?

→ 대다수의 사람들이 현재를 충실히 살기보다는 과거를 후회하거나 미래를 걱정하며 살아간다. 그러나 영원회귀를 받아들이는 삶이란, 단순히 순간을 견디는 것이 아니라 그것을 사랑하는 태도

다. 우리가 지금 이 순간을 온전히 긍정할 수 있다면, 삶이 반복된다 해도 기꺼이 받아들일 수 있을 것이다. 매 순간을 충실히 살아가는 것, 그것이야말로 영원회귀를 실천하는 길이다.

영원회귀는 삶을 긍정하는 실천적 철학이다

니체의 영원회귀(Ewige Wiederkehr)는 단순한 철학적 사유가 아니다. 그것은 우리가 지금 이 순간을 어떻게 살아야 하는지에 대한 실천적 질문이다. 우리는 흔히 더 나은 미래를 기다리지만, 니체는 **"지금 이 순간이 영원히 반복된다면, 과연 나는 지금처럼 살아도 괜찮은가?"**라는 질문을 던진다.

니체는 우리에게 묻는다.
"지금 이 순간을 영원히 반복할 수 있는가?"

그 질문 앞에서 '그렇다!'라고 답할 수 있도록, 우리는 오늘을 살아가야 한다. 니체는 우리에게 삶을 대하는 태도를 근본적으로 변화시키는 질문을 던진다. 우리는 흔히 과거를 후회하고, 미래를 걱정하며 현재를 소홀히 한다. 하지만 지금 이 순간이 무한히 반복된다고 가정한다면, 우리는 과연 지금처럼 살아도 괜찮은가? 같은 선택을 반복하며, 같은 실수를 되풀이하는 삶을 기꺼이 받아들일 수 있는가?

니체에게 배우는 통찰

"
"네가 살아온 삶을 다시 한번,
그리고 무한히 반복해서 살아야 한다면?"

📖 『도덕의 계보』중에서
"

영원회귀는 단순한 반복이 아니다. 그것은 삶을 긍정하는 최상의 시험이다. 만약 우리가 살아온 모든 순간이 영원히 반복된다면, 우리는 지금의 삶을 사랑할 수 있을까? 니체는 우리가 삶을 흘려 보내지 않고, 매 순간을 온전히 살아갈 것을 요구한다. 지금의 선택이 영원히 반복된다고 생각할 때, 우리는 더욱 신중해지고, 더 의미 있는 선택을 하게 된다.

"
"네 삶이 반복된다고 가정하라.
그렇다면 너는 지금 무엇을 할 것인가?"

📖 『우상의 황혼』중에서
"

과거를 후회하거나 미래를 두려워하지 않고, 지금 이 순간을 충실히 살아야 한다. 영원회귀를 받아들이는 자는 순간을 허투루 보내지 않는다. 그는 삶의 고통과 시련조차도 긍정하며, 자신의 존재를 온전히 받아들인다. 만약 우리의 삶이 무한히 반복된다면, 우리는 더 이상 시간을 낭비할 수 없다. 우리의 모든 선택과 행동은 의미를 지니며, 순간순간을 충실히 채워야 한다.

"영원히 반복될 수 있는 삶을 살아라.
그것이 가장 강한 자의 태도다."

📖 『차라투스트라는 이렇게 말했다』중에서

삶을 긍정한다는 것은 모든 순간을 후회 없이 살아가는 것이다. 니체는 우리가 삶을 허비하지 않고, 언제나 가장 충실한 태도로 살아야 한다고 말한다. 당신은 지금, 영원히 반복될 수 있는 삶을 살고 있는가?

이 순간을 긍정하라
(삶이 무한히 반복된다면, 어떻게 살 것인가?)

우리는 종종 현재를 미래를 위한 과정으로 여기며 살아간다. 더 나은 날이 올 것이라는 희망 속에서, 지금 이 순간을 소홀히 하거나 대충 흘려 보내기도 한다. 하지만 니체는 묻는다. "**지금 이 순간이 무한히 반복된다면, 당신은 그것을 기꺼이 받아들일 수 있는가?**" 이 질문 앞에서 우리는 자신의 삶을 대하는 태도를 근본적으로 성찰해야 한다.

니체가 제시한 '영원회귀(Ewige Wiederkehr)' 개념은 단순한 철학적 사고실험이 아니다. 그는 우리가 지금의 순간을 후회 없이 살아가고 있는지를 점검하는 강력한 기준으로 이를 제시한다. 만약 우리의 모든 행동과 선택이 영원히 반복된다면, 우리는 과연 같은 방식으로 살아갈 수 있을까?

우리는 흔히 현재보다 미래를 중요하게 여기며, 지금 이 순간을 온전히 살아가지 못한다. 그러나 니체는 **"지금을 충실히 살아가는 것이야말로 가장 확실한 미래를 만드는 길"**이라고 말한다. 영원회귀의 개념은 먼 미래를 기다리는 것이 아니라, 지금 이 순간을 가장 충만한 가치로 만들어야 한다는 깨달음을 준다.

많은 사람들은 '이 순간이 끝나기만을 기다리는 태도'로 살아간다. 그러나 니체는 우리에게 이렇게 묻는다.

"지금의 순간을 기꺼이 반복하고 싶은가?"

이 질문에 대한 답이 '아니오'라면, 곧 삶을 변화시켜야 한다는 신호다. 영원회귀의 질문은 단순한 철학적 사유가 아니라, 현재를 적극적으로 살아가도록 만드는 강력한 실천적 기준이 된다. 순간을 의미 없이 흘려보내는 것이 아니라, 매 순간을 소중히 여기고 충실히 살아야 할 이유를 우리에게 일깨운다. 우리는 순간을 흘려보내고 있는가? 아니면 진정으로 살아가고 있는가?

→ 많은 이들이 현재를 그저 지나가는 시간으로 여기며, 더 나은 미래를 위해 순간을 희생한다. 그러나 영원회귀의 관점에서 볼 때, 이 순간을 온전히 살아가지 않는다면, 그 미래 역시 온전한 것이 될 수 없다. 순간을 충실히 살아가는 것은 단순한 태도가 아니라, 우리가 선택할 수 있는 가장 확실한 삶의 방식이다.

니체는 우리가 삶을 단 한 번만 사는 것이 아니라, 무한히 반복되는 것으로 상상해보라고 제안한다.

"오늘의 선택이 앞으로 수천 번, 수만 번 반복된다면, 나는 이 선택을 기꺼이 받아들일 수 있는가?"

이 질문을 스스로에게 던질 때, 우리는 현재를 더 신중하게 살아가고, 후회 없는 선택을 하려 노력하게 된다.

'이 순간을 다시 살고 싶다.' 라고 자신 있게 말할 수 있는가?

니체는 후회 없는 삶을 살기 위해 지금 이 순간을 충실히 살아야 한다고 강조한다. 삶이 무한히 반복된다고 가정했을 때, 우리는 순간을 가볍게 흘려보낼 수 없다. 따라서 타인의 평가에 흔들리지 않고, 스스로 의미 있는 선택을 해야 한다. 영원회귀는 자신의 삶을 피하지 않고 온전히 받아들이는 태도와 연결된다.

운명애(Amor Fati)란, 과거의 실수를 후회하는 것이 아니라, 나를 형성한 필연적인 일부로 받아들이는 자세이다. 니체는 **'이 삶을 다시 살아도 좋다.'** 라고 말할 수 있는 사람이야말로 진정으로 삶을 긍정하는 존재라고 강조한다. 이는 단순한 체념이 아니라, 삶의 모든 순간을 받아들이고, 그것을 자신의 일부로 긍정하는 능동적인 태도를 의미한다.

우리는 과거를 후회하고 미래를 걱정하는 데 집중하고 있지는 않은가? 아니면 이 순간을 온전히 긍정하며 살아가고 있는가?

→ 과거의 실수를 곱씹거나 불확실한 미래를 걱정하는 사람들은

현재를 놓친다. 그러나 삶을 긍정하는 태도를 가진 자는 후회를 반복하는 대신, 지금 이 순간을 온전히 받아들이고 의미 있게 살아간다. 영원회귀를 받아들이는 것은 현재를 운명처럼 사랑하며 살아가는 것이며, 결국 그것이 후회 없는 삶으로 이어지는 길이다.

실천적 적용

'나는 오늘을 다시 살고 싶은가?'

이 질문을 스스로에게 던져보라. 만약 그렇지 않다면, 그 삶을 변화시킬 방법을 찾아야 한다. 니체의 영원회귀 개념은 단순한 철학적 사유가 아니라, 우리가 매일의 삶을 더 의미 있게 살아가도록 만드는 기준이 된다.

단순히 미래를 준비하는 데만 집중할 것이 아니라, 지금 이 순간을 충분히 경험하고 즐겨야 한다. 삶을 살아가는 주체는 바로 자신이며, 타인의 시선과 기대에서 벗어나 온전히 자기 삶을 살아가는 태도가 필요하다. 지나간 시간을 후회하거나 다가올 시간을 걱정하는 대신, 바로 지금을 충실히 살아가는 것이야말로 삶을 긍정하는 첫걸음이다.

타인의 기대에 따라 살아가는 것이 아니라, 스스로 자신의 삶을 개척하는 태도가 필요하다. 니체는 우리가 **'이 삶이 반복되어도 좋다.'**라고 말할 수 있는 방향으로 자신을 변화시켜야 한다고 강조한다. 만약 현재의 삶을 긍정할 수 없다면, 그것을 변화시키기 위한 노력을 해야 한다. 삶은 주어진 것이 아니라 스스로 창조해 나가는 것이며, 자신의 의지로 선택하고 만들어가는 과정 속에서 비로소 삶을 긍정할 수 있다.

우리는 삶을 스스로 선택하며 살아가고 있는가, 아니면 그저 흘러가는 대로 살아가고 있는가?

→ 대부분의 사람들은 하루하루를 특별한 고민 없이 흘러 보내며 살아간다. 그러나 삶은 단순히 반복되는 시간이 아니라, 매 순간 선택과 결단으로 이루어진다. 우리가 삶을 의식적으로 선택할 때, 비로소 후회 없는 삶을 만들어갈 수 있다. 지금 이 순간을 온전히 살아가는 것이야말로 삶을 긍정하는 첫걸음이다.

영원회귀를 실천하는 삶

니체는 단순한 철학적 사유를 넘어, 우리가 삶을 진정으로 긍정할 수 있는지를 시험하고자 했다. 그는 우리가 살아가는 모든 순간이 영원히 반복될 것이라고 가정했을 때, 기꺼이 그것을 받아들일 수 있는지 스스로에게 질문해야 한다고 강조한다.

그러나 우리는 얼마나 지금 이 순간을 온전히 살아가고 있는가? 혹시 더 나은 미래를 기다리며 현재를 대충 흘려보내고 있지는 않은가? 혹은 타인의 기준과 사회적 기대에 휩쓸려, 진정 원하는 삶이 아닌 타인의 기대 속에서 살고 있지는 않은가?

니체는 우리에게 삶을 시험하는 근본적인 질문을 던진다.

"이 순간을 영원히 반복할 수 있는가?"

이 질문은 단순한 철학적 사고실험이 아니다. 그것은 우리가 삶을 긍정하는 방식과 직결된 실천적 질문이다. 삶이 반복된다고 해도 후회 없이 받아들일 수 있을 만큼, 우리는 지금을 의미 있게 살아가고 있는가?

이제 중요한 것은,

✔ 과거를 후회하지 않는 것

→ 이미 지나간 과거를 부정하는 것은 아무런 의미가 없다. 우리는 과거를 있는 그대로 받아들이고, 그 안에서 의미를 찾아야 한다.

✔ 미래를 걱정하며 현재를 소홀히 하지 않는 것

→ 불확실한 미래를 두려워하며 현재를 낭비하지 말아야 한다. 지금 이 순간을 살아가는 것이야말로 진정한 자유다.

✔ 지금 이 순간을 온전히 살아가는 것

→ 삶이 영원히 반복된다고 해도 후회하지 않을 수 있을 만큼, 모든 순간을 충실하게 살아야 한다.

우리는 삶을 다시 살고 싶을 정도로 의미 있게 살고 있는가?

이 질문 앞에서 더 이상 삶을 유예하지 말고, 지금 이 순간을 있는 그대로 긍정하는 태도를 가져야 한다. 영원회귀란 단순한 사유가 아니다. 그것은 우리가 삶을 어떻게 살아가야 하는지를 묻는 가장 본질적인 이유이다.

니체에게 배우는 통찰

> **"이 순간이 영원히 반복된다면,
> 너는 그것을 긍정할 수 있는가?"**
>
> 📖 『즐거운 학문』중에서

니체는 우리에게 도전적인 질문을 던진다. 우리는 종종 현재를 흘려 보내며 더 나은 미래를 기대하지만, 만약 지금 이 순간이 무한히 반복된다면, 우리는 같은 방식으로 살아갈 수 있을까? 순간을 미루거나, 불만 속에 살아가는 태도는 결국 반복될 삶을 부정하는 것과 다름없다. 우리는 지금 이 순간을 온전히 긍정하며 살아가고 있는가?

> **"그대는 네 삶을 다시 살고 싶은가?"**
>
> 📖 『차라투스트라는 이렇게 말했다』중에서

영원회귀의 질문은 단순한 철학적 사고실험이 아니다. 니체는 우리가 단 한 순간도 의미 없이 흘려 보내지 않도록 경고한다. 만약 우리의 모든 선택과 행동이 영원히 반복된다면, 우리는 어떻게 살아야 할까? '이 삶을 다시 살고 싶다!'라고 자신 있게 말할 수 있는가? 그렇지 않다면, 우리는 삶을 바꿔야 한다.

━━━━━━━━ **"** ━━━━━━━━

"매 순간을 의미 있게 만들어라.
그것이 삶을 긍정하는 최선의 길이다."

📖 『도덕의 계보』중에서

━━━━━━━━ **"** ━━━━━━━━

니체는 우리가 순간을 흘려 보내는 것이 아니라, 매 순간을 온전히 살며 의미를 부여해야 한다고 강조한다. 당신은 지금, 순간을 온전히 살고 있는가?

삶의 태도를 바꾸다
(영원회귀를 통해 삶에 새로운 의미를 부여하기)

니체는 영원회귀(Ewige Wiederkehr)라는 개념을 통해 삶을 대하는 우리의 태도를 근본적으로 변화시키려 했다. 우리는 더 나은 미래를 기다리며 현재를 소홀히 하거나, 과거의 실수를 후회하며 시간을 낭비한다. 하지만 만약 지금 이 순간이 영원히 반복된다면, 우리는 지금처럼 살아도 괜찮을까? 이 질문은 단순한 철학적 가설이 아니라, 삶을 긍정하는 궁극적인 기준이 된다.

니체는 우리가 '지금 이 순간을 다시 살고 싶다!'라고 말할 수 있는가를 스스로에게 묻게 한다. 만약 지금의 삶이 무한히 반복된다면, 우리는 현재를 어떤 태도로 살아야 할까? 삶을 긍정한다는 것은 단순한 체념이 아니라, 매 순간을 온전히 받아들이고 의미를 부여하는 태도를 의미한다. 이는 과거를 부정하거나 미래를 기다리는 것이 아니라, 현재를 충실히 살아가도록 하는 실천적 기준이 된다. 삶이 무한히 반복된다고 가정했을 때, 우리는 순간을 허투루 흘려 보낼 수 없다. 그렇다면 우리는 어떻게 순간을 충실히 살아갈 수 있을까?

✔ 현재를 온전히 경험하라

→ 우리는 더 나은 미래를 위해 현재를 희생한다. 그러나 니체는 미래를 위한 준비가 아닌, 바로 지금 이 순간을 충실히 살아야 한다고 강조한다.

✔ 삶을 창조하는 존재가 되어라

→ 영원회귀의 개념은 운명 수용이 아닌, 삶을 능동적으로 창조하는 태도를 요구한다. 우리가 매 순간을 어떻게 살아야 할지 고민해야 결국 우리의 삶이 새롭게 채워진다. 매 순간을 새롭게 창조하는 자가 되어야 한다.

✔ 운명을 사랑하라(Amor Fati)

→ 니체는 운명을 사랑하라고 말한다. 이는 단순한 체념이 아니라, 자신의 모든 순간을 긍정하고 기꺼이 받아들이는 태도를 의미한다. 기쁨과 고통이 모두 포함된 삶을 사랑할 수 있어야 한다. 삶을 긍정한다는 것은 순간을 선택하는 것이 아니라, 모든 순간을 자신의 일부로 받아들이는 것이다.

✔ 나는 오늘을 다시 살고 싶은가?

→ 매일 이 질문을 스스로에게 던져보라. 만약 그렇지 않다면, 삶을 변화시켜야 할 때이다. 우리는 순간을 충실히 살아가는 태도를 연습해야 한다.

✔ 이 순간이 반복된다면, 나는 어떤 선택을 할 것인가?

→ 삶이 무한히 반복된다고 가정할 때, 우리는 순간을 더욱 신중하게 선택하고, 매 순간을 의미 있게 만들려 노력하게 된다. 삶을 살아가는 방식이 단순한 흘러감이 아니라, 의미를 부여하는 과정이 되어야 한다.

니체는 우리에게 묻는다.

"네 삶이 반복된다면, 너는 그것을 긍정할 수 있는가?"

이 질문 앞에서 기꺼이 '그렇다!'라고 말할 수 있을 때, 우리는 비로소 삶을 긍정하는 존재가 될 수 있다. 영원회귀를 받아들이는 삶은 단순한 운명 순응이 아니라, 매 순간을 의미 있게 창조하는 태도이다. 과거를 후회하지 않고, 미래를 기다리지 않는 것. 그것이야말로 삶을 긍정하는 궁극적인 방식이다.

💡 니체에게 배우는 통찰

"

"그대는 자신의 삶을 긍정할 수 있는가?"

📖 『즐거운 학문』중에서

"

우리는 삶을 살아가면서 후회와 불만 속에 머물러 있는 경우가 많다. 하지만 니체는 묻는다. '만약 이 순간이 영원히 반복된다면, 지금 이 삶을 기꺼이 받아들일 수 있는가?' 단순한 철학적 질문이 아니다. 이 질문은 우리의 태도를 근본적으로 바꾸는 강력한 기준이 된다. 우리는 더 나은 미래를 기다리며 현재를 미루지만, 만약 지금의 순간이 무한히 반복된다면 어떻게 살아야 할까?

"

"삶을 긍정하는 자만이 자기 자신을 창조할 수 있다."

📖 『차라투스트라는 이렇게 말했다』중에서

"

삶을 긍정한다는 것은 단순한 체념이 아니다. 그것은 자신이 선택한 순간을 사랑하고, 기꺼이 반복할 수 있는 존재가 되는 것이다. 우리는 후회 속에서 살아가는가? 아니면 삶을 온전히 긍정하며 살아가는가? 니체는 삶을 능동적으로 창조하는 자만이 초인의 길에 들어설 수 있다고 말한다. 순간을 창조하는 것이 곧 삶을 긍정하는 길이다.

❝

"자신을 사랑하는 자만이 삶을 긍정할 수 있다."

📖 『우상의 황혼』중에서

❞

니체는 삶을 긍정하는 태도는 결국 자기 자신을 긍정하는 태도와 연결된다고 보았다. 스스로를 사랑하지 않는다면, 자신의 삶을 진정으로 긍정할 수 있을까? 당신은 자기 자신을 긍정하며 살아가고 있는가?

영원회귀를 삶에 적용하는 방법

  니체의 영원회귀는 단순한 철학적 개념이 아니다. "지금 이 순간을 온전히 긍정할 수 있는가?"라는 그의 말은 삶을 미루지 말고, 순간을 가치 있게 만들라는 우리가 가져야 할 실천적 할 태도이다. 어떻게 이 순간을 충실히 살아갈 수 있을까? 삶을 의미 있게 만드는 그의 실천적 방법을 제시한다.

✔ 지금 이 순간을 온전히 경험하라

- 우리는 종종 미래를 준비하느라 현재를 소홀히 한다. 하지만 지금 이 순간을 충분히 경험하지 않는다면, 우리는 영원히 미완의 삶을 살게 된다.
- 니체는 삶이 무한히 반복된다고 가정할 때, 우리는 순간순간을 더욱 신중하고 의미 있게 살아야 한다고 강조한다.
- 오늘의 하루가 영원히 반복된다고 가정해보자. 지금 이 순간을 의미 있게 만들기 위해 무엇을 할 것인가?

✔ 후회 없는 선택을 하라

• "오늘의 선택이 영원히 반복된다면, 나는 지금 이대로 살아도 괜찮은가?"

• 니체의 이 질문에 확신이 없다면, 지금 당장 삶을 바꿔야 할 때다. 우리가 하는 모든 선택이 무한히 반복된다면, 그 선택이 우리 삶에 어떤 의미를 가지는지 더욱 신중하게 고민해야 한다.

• 지금의 삶을 다시 살아도 좋을 만큼 충실하게 살고 있는가? 후회 없는 선택을 하기 위해 무엇을 바꿔야 하는가?

✔ 운명을 사랑하라(Amor Fati)

• 니체는 운명을 사랑하는 것(Amor Fati)이야말로 가장 강한 자의 태도라고 말한다.

• 삶이 주어진 그대로 반복된다고 할 때, 그것을 저주할 것인가, 아니면 사랑할 것인가?

• 운명을 긍정하는 사람만이 자신의 삶을 능동적으로 창조할 수 있다. 모든 순간을 자신의 일부로 받아들이고, 지금의 조건을 창조적으로 변화시키려는 노력을 하고 있는가?

✔ 나약함에서 벗어나, 강한 존재가 되라

• 영원회귀를 받아들이는 것은 결코 쉬운 일이 아니다. 삶을 온전히 긍정하는 것은 나약한 자가 아닌 강한 자만이 할 수 있다.

• 니체는 강한 자만이 자기 삶의 창조자가 될 수 있으며, 순간을 능동적으로 살아갈 수 있다고 말한다.

• '당신은 자기 삶을 개척하는 강한 존재인가?' 순간을 피하는

것이 아니라, 정면으로 마주하고 있는가? 삶을 긍정하기 위해 무엇을 실천해야 하는가?

✔ 이 순간을 온전히 긍정하라

• "이 순간이 영원히 반복된다면, 나는 그것을 기꺼이 받아들일 수 있는가?"

• 니체는 우리에게 이 질문을 던진다. 지금 이 순간을 기꺼이 다시 살고 싶다고 말할 수 있는가?

3부

재정립

: 더 강한 나를 만들다

더 강한 나를 만들다

우리는 정말 우리가 원하는 삶을 살고 있는가? 니체는 단순히 기존 가치를 해체하는 데서 멈추지 않는다. 새로운 삶을 창조하는 것이야말로 진정한 자유의 길이다. 거부와 파괴만으로는 아무것도 이루어지지 않는다. 더 강한 나를 만들고, 스스로 의미를 창조하며, 삶을 새롭게 정의하는 것. 이것이 궁극적인 목표다.

삶을 새롭게 설계하는 과정에서 니체는 세 가지 핵심 개념을 제시한다.

가장 중요한 개념은 힘에의 의지(Wille zur Macht)이다. 이는 단순한 권력 추구가 아니라, 자신의 한계를 뛰어넘고 끊임없이 성장하려는 창조적 에너지를 의미한다. 인간은 정체되는 순간 퇴보하기 시작한다. 스스로를 극복하고 더 나은 방향으로 나아가려는 자만이 진정으로 살아 있는 존재가 될 수 있다. 현실에 안주하는 순간 우리는 스스로를 가둔다. 삶은 정적인 것이 아니라, 끊임없는 도전과 확장을 통해 의미를 만들어가는 과정이다.

타인이 만든 기준을 따르는 것이 아니라, 스스로 가치를 창조하는 존재가 되어야 한다. 대부분의 사람들은 기존 사회가 규정한 가치를 그대로 받아들이며 살아간다. 그러나 니체는 진정으로 강한 자는 자기만의 기준을 세우고, 삶의 의미를 창조하는 자라고 말한다. 기존 도덕과 규범이 반드시 우리를 행복하게 만드는 것은 아니다. 우리가 믿고 따를 가치는 스스로 만들어야 한다. 기존의 믿음에서 벗어나, 자기 신념에 따라 살아가는 것이야말로 가장 강한 실천이다. 그리고 삶을 궁극적으로 긍정하는 태도가 필요하다.

그는 우리가 삶을 있는 그대로 받아들이고, 운명을 사랑하는 태도(Amor Fati)를 가져야 한다고 강조한다. 과거를 후회하거나 미래를 두려워하는 것이 아니라, 지금 이 순간을 완전히 긍정하며 살아야 한다. 우리에게 주어진 삶은 결코 완벽하지 않다. 하지만 그 모든 경험을 의미 있게 만들고, 주어진 현실을 창조적으로 변화시키려는 태도만이 삶을 강하게 만든다.

변화는 단순한 적응이 아니다. 그것은 나 자신을 뛰어넘고, 삶을 새롭게 정의하는 과정이다. 기존 가치에 휩쓸리지 않고, 자신만의 기준을 만들며, 순간순간을 능동적으로 살아가는 것이야말로 진정으로 강한 자의 태도다.

니체가 제시하는 '힘에의 의지' '가치 창조' '삶의 긍정'이라는 세 가지 원칙을 바탕으로, 우리는 새로운 삶을 설계하고 더욱 강한 존재로 거듭날 수 있다.

'지금의 나는, 정말 내가 원하는 삶을 살고 있는가?'

이 질문에 '그렇다!'라고 답할 수 있을 때, 우리는 비로소 진정한 자유를 얻을 수 있다.

7장

힘에의 의지

힘에의 의지란 무엇인가
(삶의 창조적 본질)

우리 삶을 움직이는 근본적인 힘은 무엇인가? 니체는 이에 대한 답으로 '힘에의 의지(Wille zur Macht)'를 제시한다. 이는 단순한 권력이나 지배 욕망이 아니라, 자신을 초월하고 성장하려는 근원적 에너지이다. 우리는 매 순간 선택을 하고, 목표를 설정하며, 장애를 극복하면서 끊임없이 나아간다. 이 모든 과정에서 작용하는 것이 바로 힘에의 의지이며, 그것이 인간을 더 높은 존재로 만들어가는 창조적 원동력이다.

삶은 정적인 것이 아니라, 끊임없이 변화하는 과정이다
니체는 인간을 완성된 존재가 아니라 '될 존재'라고 보았다. 우리는 고정된 상태로 머무르는 것이 아니라, 끊임없이 변화하고 성장하며, 더 높은 단계로 나아가야 하는 존재다. 그리고 이를 가능하게 하는 것이 바로 '힘에의 의지(Wille zur Macht)'이다. 그러나 우리는 정말로 끊임없이 성장하고 있는가, 아니면 같은 자리에 머물러 있는가? 진정한 삶이란 변화 속에서 이루어진다.

그렇다면 어떻게 정체되지 않고 끊임없이 나아갈 수 있을까?

✔ 새로운 목표를 설정하고 나아가려는 의지가 있는가?

→ 우리는 더 높은 곳으로 나아가기 위해 스스로 목표를 설정해야 한다. 현재에 안주하는 순간, 삶은 정체된다.

✔ 변화의 가능성을 외면하고 있지는 않은가?

→ 변화는 두려움을 동반하며, 그것을 넘어서야 새로운 가능성이 생긴다.

니체는 우리에게 이렇게 묻는다.

"지금의 나를 뛰어넘고 있는가, 같은 자리에 머물러 있는가?"

삶은 멈춰 있는 것이 아니라 끊임없이 변화하는 과정이다. 우리는 현재에 머무르는 것이 아니라, 자신의 한계를 넘어서 성장해야 한다. 힘에의 의지를 실천하는 자만이 더 높은 존재로 거듭날 수 있다.

기존 도덕과 가치를 벗어나라

우리는 흔히 사회가 정한 기준과 도덕 속에서 살아간다. 그러나 니체는 이러한 기존 가치가 인간을 나약하게 만들고, 창조적 가능성을 억압한다고 보았다. 특히 기독교적 도덕은 순응, 자기 희생, 겸손을 미덕으로 삼으며, 인간의 힘과 욕망을 부정하는 구조를 형성해왔다. 니체는 이를 '노예의 도덕' 이라 부르며, 이러한 사고방식이 인간을 무기력하게 만들고 결국 허무주의로 몰아넣는다고 비판한다. 그러나 우리는 정말 자신의 의지로 선택하며 살아가고 있는가? 혹시 기존 가치에 따라 무의식적으로 삶을 설계하고 있지는 않은가? 그렇다면 우리는 어떻게 기존 도덕에서 벗어나 스스로 가치를 창조할 수 있을까?

✔ **나의 삶을 나만의 기준으로 설계하고 있는가?**

→ 우리는 주어진 도덕을 무비판적으로 따르는 것이 아니라, 스스로 의미를 창조하며 자신의 기준을 세워야 한다.

✔ **외부의 기준이 아닌, 내면에서 나오는 힘을 따르는가?**

→ 타인의 기대와 사회적 규범이 아니라, 자신의 내면에서 우러나오는 힘을 따를 때 비로소 자기 삶을 살아갈 수 있다.

니체는 우리가 삶의 방향을 스스로 결정할 것을 요구한다.
"내 의지로 선택하고 있는가, 기존 가치에 따라 살고 있는가?"

기존 도덕을 맹목적으로 따르는 것은 허무주의로 가는 길이다. 우리가 주어진 가치에 의문을 품고, 스스로 의미를 창조할 때 비로소 자기 삶을 살 수 있다. 진정한 자유란 기존의 틀에서 벗어나, 자기만의 가치를 만들어가는 것이다.

니체는 기존 가치 체계가 무너진 현대 사회에서 허무주의가 인간을 위협할 것이라고 경고했다. 과거에는 절대적인 종교적 가치가 인간을 이끌었지만, 신의 죽음 이후 삶의 의미를 스스로 만들어야 하는 시대가 도래했다. 그러나 많은 사람들은 삶의 의미를 잃고 무기력과 수동성에 빠지게 된다. 그러나 허무주의는 극복할 대상이지 피할 대상이 아니다. 그렇다면 우리는 허무에 빠지는 것이 아니라, 그것을 넘어서는 삶을 살기 위해 무엇을 할 수 있을까?

✔ **삶이 무의미하다고 느낄 때, 나는 어떤 선택을 하는가?**

→ 의미가 사라져 보이는 순간이야말로, 새로운 가치를 창조할 기회다.

✔ **모든 것을 허무하게 바라보는 것이 아니라, 새로운 가치를 창조하려는 노력이 있는가?**

→ 허무를 비관적으로 받아들이지 말고 새로운 의미를 찾아야 한다.

니체는 우리가 허무 속에서 머무를 것인지, 아니면 그것을 넘어설 것인지 선택할 것을 요구한다.

"나는 삶의 의미를 스스로 창조하고 있는가, 아니면 허무에 빠져 있는가?"

허무주의는 인간을 무기력하게 만들지만, 그것을 극복하는 힘은 우리 안에 있다. 힘에의 의지는 허무주의를 넘어서는 실천적 도구가 되며, 새로운 가치를 창조하려는 의지가 있을 때 우리는 비로소 자기 삶을 살 수 있다.

초인은 어떻게 삶을 창조하는가?

니체의 미완성 유고집 『권력에의 의지』는 힘에의 의지가 단순한 권력 욕구가 아니라, 자신의 존재를 확장하고 삶을 창조하는 과정임을 강조한다. 힘에의 의지를 실천하는 자는 기존 도덕과 규범을 해체하고, 자신만의 의미와 질서를 만들어 나가는 초인이 된다. 그는 고통과 시련조차도 성장의 도구로 삼으며, 자신의 에너지를 창조적 활동으로 전환한다. 그러나 우리는 정말로 자기 삶을 창조하며 살아가고 있는가? 혹시 주어진 환경에 순응하며, 변화의 가능성을 외면하고 있지는 않은가? 그렇다면 우리는 어떻게 능동적으로 자신의 삶을 창조할 수 있을까?

✔ **삶의 순간을 피하지 않고, 적극적으로 개입하고 있는가?**

→ 삶은 우리를 기다려주지 않는다. 그 순간을 온전히 살아갈 때만이 우리는 자기 삶을 창조할 수 있다.

✔ **고통을 피해가는 것이 아니라, 그것을 통해 성장하려는 태도를 가지고 있는가?**

→ 초인은 시련을 부정하는 것이 아니라, 그것을 삶의 일부로 받아들이고 의미 있는 성장의 과정으로 만든다.

니체는 우리가 삶을 피동적으로 받아들일 것인지, 아니면 능동적으로 창조할 것인지 선택할 것을 요구한다.

"나는 지금 내 삶을 창조하고 있는가?"

초인은 환경에 지배당하지 않으며 고통을 두려워하지 않고, 자신의 에너지를 창조적 힘으로 전환하며, 삶의 모든 순간을 자신의 것으로 만든다. 삶을 창조한다는 것은 단순히 살아가는 것이 아니라, 존재의 방식 자체를 새롭게 만들어가는 것이다.

힘에의 의지는 삶을 주어진 것이 아니라, 스스로 개척해야 하는 것으로 바라보게 만든다. 단순히 기존 가치에 순응하며 살아가는 것이 아니라, 자신만의 기준을 만들고, 의미를 창조하며, 스스로의 힘으로 삶을 개척하는 것이야말로 니체가 말하는 진정한 인간의 모습이다. 우리는 더 이상 수동적인 존재가 아니라, 능동적으로 자기 삶을 설계하는 창조적 존재가 되어야 한다.

'지금 이 순간, 나는 나 자신을 뛰어넘고 있는가?'

이 질문에 '그렇다!'라고 답할 수 있을 때, 우리는 비로소 힘에의 의지를 실천하는 존재가 될 수 있다.

🔆 니체에게 배우는 통찰

―――――― " ――――――

"너는 너의 삶을 창조하고 있는가?"

📖 『권력에의 의지』중에서

―――――― " ――――――

니체는 힘에의 의지를 단순한 지배 욕망이 아니라, 존재하는 모든 것의 근본적 동력으로 보았다. 그는 인간이 주어진 환경에 순응하는 것이 아니라, 끊임없이 자기 자신을 초월하며 새로운 가치를 창조해야 한다고 강조한다.

―――――― " ――――――

"삶이란 힘을 향한 의지다.
그리고 강한 자는 스스로의 가치를 창조하는 자이다."

📖 『도덕의 계보』중에서

―――――― " ――――――

인간은 기존의 가치에 안주하는 존재가 아니다. 우리는 과거의 틀을 답습하며 살아가는가, 아니면 새로운 의미를 만들어가는가? 니체는 우리가 기존 가치의 틀에서 벗어나 자기만의 길을 개척해야 한다고 주장한다.

"자신을 사랑하는 자만이 삶을 긍정할 수 있다."

📖 『우상의 황혼』 중에서

"

니체는 삶을 긍정하는 태도는 결국 자기 자신을 긍정하는 태도와 연결된다고 보았다. 스스로를 사랑하지 않는다면, 자신의 삶을 진정으로 긍정할 수 있을까? 당신은 자기 자신을 긍정하며 살아가고 있는가?

나약함을 극복하다

(두려움과 한계를 넘어서는 법)

우리는 때때로 스스로를 한계 속에 가두고, 나약함을 운명처럼 받아들인다. 하지만 니체는 인간이 강한 존재로 성장하기 위해서는 먼저 자신의 나약함을 직시해야 한다고 말한다. 우리는 외부 환경과 타인의 기준에 의해 한계를 설정하고 그것을 정당화하며 살아간다. 하지만 자신을 극복하지 않는 한, 우리는 진정한 자유를 가질 수 없다.

나약함이란 단순한 육체적 약함이 아니다.

"인간은 될 존재이다. 그는 자신을 뛰어넘을 때만 강해진다."

니체는 인간을 완성된 존재가 아니라, 끊임없이 변화하고 성장해야 하는 존재라고 보았다. 우리가 두려움과 자기 한계를 극복하지 않는다면, 우리는 같은 자리에서 머무르며 타인의 가치에 종속된 삶을 살게 된다. 하지만 이를 뛰어넘을 용기를 가질 때, 비로소 우리는 자기 삶의 주인이 된다.

나약함을 직시하는 것이 극복의 출발점이다

사람들은 종종 자신의 나약함을 외면하거나 그것을 합리화하며 살아간다. 그러나 자기 극복의 첫걸음은 자신의 나약함을 직시하는 것에서 시작된다. 우리는 자신이 설정한 한계 안에 머물러 있지는 않은가? 혹은 타인의 기대와 사회적 기준 속에서 자신의 가능성을 스스로 제한하고 있지는 않은가? 그러나 자신의 한계를 인정하는 것은 약함이 아니라, 성장의 시작이다. 그렇다면 우리는 어떻게 두려움을 넘어 더 강한 존재로 나아갈 수 있을까?

✔ 타인의 시선에 따라 내 가능성을 제한하고 있지는 않은가?

→ 외부의 평가에 얽매일 때, 스스로를 제한하며 성장의 기회를 놓친다.

✔ 두려움을 이유로 도전을 미루고 있지는 않은가?

→ 실패에 대한 두려움은 가장 큰 장애물이다. 그러나 도전하지 않는 한, 우리는 결코 자신의 가능성을 알 수 없다.

니체는 나약함을 부정하는 것이 아니라, 그것을 받아들이고 극복할 것을 요구한다.

'나는 지금 어떤 한계를 스스로 설정하고 있는가?' 나약함을 인정하는 것은 수치가 아니다. 오히려 그것을 받아들이는 순간, 우리는 극복할 힘을 얻고 더 강한 존재로 성장할 수 있다. 진정한 변화는 자신의 한계를 직시하는 데서 시작되며, 이를 넘어설 때 우리는 더욱 단단한 존재로 거듭날 수 있다.

두려움에서 벗어나라

대부분의 사람들은 어릴 때부터 사회적 규범과 기존 도덕을 내면화하며 살아간다. 그러나 이러한 도덕적 틀이 우리의 창조성을 억누르고, 자기 극복을 방해한다면, 그것을 과감히 버려야 한다. 우리는 정말 자신의 길을 걷고 있는가, 아니면 타인의 기준에 맞춰 살아가고 있는가? 그러나 진정한 자유란 타인의 시선에서 벗어나, 스스로 가치를 창조하는 데서 비롯된다. 그렇다면 우리는 어떻게 기존의 틀을 깨고 자기 삶을 온전히 살아갈 수 있을까?

✔ **타인의 평가와 기준에서 자유로울 수 있는가?**

→ 우리는 끊임없이 타인의 시선을 의식하며 살아간다. 그러나 남의 평가에 얽매이는 순간, 자신의 길을 잃게 된다.

✔ **나의 가치를 스스로 창조하고 있는가?**

→ 기존의 도덕과 사회적 기준을 따르는 것이 아니라, 스스로 의미를 창조할 때 우리는 비로소 자기 삶을 살아갈 수 있다.

니체는 우리에게 진정한 강함이 무엇인지 묻는다.

"나는 내 삶을 내 기준으로 살고 있는가?"

강한 자는 타인의 가치에 종속되지 않는다. 그는 스스로 의미를 창조하며 자신의 삶을 살아가는 존재다. 기존 도덕과 사회적 기준을 따르는 것이 아니라, 자신이 원하는 삶을 개척하는 것―그것이야말로 두려움에서 벗어나는 길이다.

고통을 성장의 기회로 삼아라

니체는 고통과 시련을 삶의 필연적 일부로 받아들이는 것이 중요하다고 강조한다. 실패와 어려움을 겪을 때 그것을 피하려 하지만, 강한 자는 고난을 성장의 기회로 삼는다. 고통을 부정하는 것이 아니라, 자기 단련과 성숙의 과정으로 받아들이는 것이야말로 삶을 긍정하는 태도다. 그러나 정말로 고통을 받아들이고 있는가, 아니면 그것을 피하며 두려움 속에 머물고 있는가? 그렇다면 우리는 어떻게 시련을 성장의 기회로 전환할 수 있을까?

✔ 삶의 어려움을 부정하는 것이 아니라, 그것을 성장의 과정으로 받아들이고 있는가?

→ 삶은 예상치 못한 고난으로 가득 차 있다. 그러나 그것을 부정하는 것이 아니라, 성장의 일부로 받아들일 때 우리는 더욱 강해질 수 있다.

✔ 실패와 좌절을 자기 단련의 기회로 삼고 있는가?

→ 실패는 끝이 아니다. 그것을 어떻게 해석하고 극복하느냐에 따라 우리는 더 높은 단계로 나아갈 수 있다.

니체는 우리가 고통을 회피할 것인지, 아니면 그것을 긍정하고 극복할 것인지 묻는다.

"나는 고통을 회피하는가, 아니면 그것을 받아들이고 있는가?"

고통을 긍정하는 순간, 우리는 더 이상 두려움 속에 머물지 않는다. 그것을 뛰어넘는 힘을 가질 때, 우리는 자기 자신을 초월할 수 있다. 삶의 모든 순간을 받아들이고 긍정하는 것이야말로 진정한 초인의 태도다.

자기 극복을 실천하는 강인한 삶

자기 극복이란 단순한 인내가 아닌 자기 초월과 창조의 과정이다. 니체는 인간을 '될 존재(Werden)'로 정의하며, 끊임없는 변화와 성장이야말로 강한 존재로 나아가는 길이라고 보았다. 현실에 안주하지 않고, 스스로를 끊임없이 뛰어넘을 때 우리는 비로소 진정한 자유를 경험할 수 있다. 그러나 우리는 정말로 매일 더 나은 자신을 만들기 위해 노력하고 있는가? 혹시 변화를 두려워하며 익숙한 틀에 머물러 있지는 않은가?

그렇다면 우리는 어떻게 자기 극복을 실천할 수 있을까?

✔ 지금의 나를 뛰어넘기 위해 어떤 변화를 시도하고 있는가?

→ 자기 극복은 단순한 욕망이 아니라 실천이다. 우리는 어제와 다른 선택을 할 때 비로소 성장할 수 있다.

✔ 어제보다 더 나은 오늘을 위해 어떤 선택을 하는가?

→ 강한 자는 현실을 불평하지 않는다. 그는 환경을 탓하거나 타인에게 의존하지 않고, 자신의 삶을 스스로 만들어가는 존재다.

니체는 우리에게 결단을 요구한다.

"그대는 더 강한 존재가 될 준비가 되었는가?"

우리는 삶을 피하며 나약함을 합리화하고 있는가, 아니면 두려움을 극복하고 스스로를 뛰어넘으려 하는가? 강한 자는 허무주의에 빠지지 않는다. 그는 삶을 능동적으로 창조하는 존재이며, 자신의 한계를 스스로 규정하지 않는다.

🔆 니체에게 배우는 통찰

    "

"너는 새로운 가치를 창조하는가?"

📖 『권력에의 의지』중에서

    "

니체는 인간이 기존 가치에 순응하는 존재가 아니라, 스스로 가치를 창조하는 존재여야 한다고 말한다. 삶은 단순히 주어진 규범을 따르는 것이 아니라, 자신의 힘을 통해 의미를 부여하는 과정이다. 우리가 따르는 도덕과 규범이 정말 우리의 삶을 풍요롭게 하는가, 아니면 우리를 속박하는가?

    "

"너의 삶은 네가 창조한 것인가, 아니면 타인의 기준 속에 갇혀 있는가?"

📖 『차라투스트라는 이렇게 말했다』중에서

    "

니체는 우리가 기존 가치의 울타리 안에서 안전함을 추구하는 한, 진정한 자유를 얻을 수 없다고 경고한다. 그는 우리가 스스로 삶을 창조하고, 우리만의 기준을 세울 때 비로소 자유로워질 수

있다고 강조한다. 우리는 지금, 과거의 낡은 가치에 기대어 살아
가고 있는가? 아니면 스스로의 힘으로 새로운 의미를 창조하고
있는가?

"

"기존의 틀을 벗어나지 않는 한,
새로운 삶은 시작되지 않는다."

📖 『도덕의 계보』 중에서

"

　니체는 인간이 성장하려면 먼저 기존의 틀에서 벗어나야 한다
고 강조한다. 우리는 진정으로 새로운 가치를 창조하고 있는가,
아니면 익숙한 틀 속에서 안주하고 있는가?

힘을 통해 창조하기
(삶의 새로운 가치를 창조하는 힘)

흔히 '힘'이라는 개념을 권력이나 지배로 오해한다. 하지만 니체가 말하는 힘을 통한 창조는 단순한 외적 권력의 획득이 아니다. 그것은 스스로의 삶을 새롭게 구성하고, 기존의 가치에 얽매이지 않으며, 자기 자신을 초월하는 과정이다.

니체는 인간을 완성된 존재가 아니라, 끊임없이 변화하고 성장하는 존재라고 보았다. 우리는 주어진 질서 속에서 순응하며 살아가는 것이 아니라, 새로운 가치를 창조하는 존재로 거듭나야 한다. 그것이야말로 힘을 통해 창조하는 삶이다.

기존의 가치를 뛰어넘어라

창조는 기존 가치의 해체 없이는 이루어질 수 없고 우리는 어릴 때부터 주어진 도덕과 사회적 규범을 자연스럽게 받아들이며 자란다. 니체는 이러한 기존 질서가 개인의 창조적 힘을 억누르고, 인간을 나약한 존재로 만든다고 비판한다. 우리는 정말 자신의 가치를 창조하며 살아가고 있는가? 혹시 기존의 가치와 규범을 무비판적으로 받아들이며, 스스로 만든 기준이 아닌 타인의 가치 속에서 살고 있지는 않은가? 그렇다면 우리는 어떻게 기존 질서를 넘어 스스로 가치를 창조할 수 있을까?

✔ 기존의 가치와 규범을 무비판적으로 받아들이고 있는가?

→ 우리가 따르는 가치가 정말 우리 자신의 선택인가? 아니면 익숙함 속에서 무의식적으로 받아들여온 것인가?

✔ 나의 신념과 선택은 진정으로 나의 것인가?

→ 우리는 기존의 윤리와 도덕이 당연하다고 믿어왔다. 그러나 그것이 나의 본능과 창조적 가능성을 억누르고 있지는 않은가?

니체는 기존 도덕과 질서를 넘어설 것을 요구한다.

"나는 타인의 가치에 따라 살고 있는가? 아니면 내 가치를 창조하고 있는가?"

그는 기독교적 도덕과 기존 윤리가 인간의 본능과 창조적 힘을 억압한다고 보았다. 이를 '노예의 도덕'이라 부르며, 순종과 겸손을 강조하는 가치 체계가 인간을 나약하게 만든다고 비판한다. 그러나 창조는 단순한 부정에서 끝나는 것이 아니라, 새로운 가치를 세우는 과정까지 포함해야 한다.

힘을 통해 창조한다는 것은 단순히 기존 질서를 부정하는 것이 아니다. 자신만의 가치를 새롭게 세우고, 그것을 삶 속에서 실천하는 것이 진정한 창조이다. 새로운 가치를 창조하는 자만이, 진정으로 자기 자신으로 살아갈 수 있다.

삶의 고난을 창조적 에너지로 전환하라

니체는 삶의 고통과 시련을 피하려 해서는 안 된다고 말한다. 우리는 어려움을 만나면 좌절하고 그것을 피하려 하지만, 강한 자는 고난을 창조적 에너지로 전환한다. 고통은 피해야 할 대상이 아니라, 우리의 성장과 변화를 이끄는 필연적 요소다. 그러나 우리는 정말로 고난을 성장의 기회로 삼고 있는가, 아니면 그것을 부정하며 회피하고 있는가? 그렇다면 우리는 어떻게 시련을 창조적 에너지로 전환할 수 있을까?

✔ **힘든 상황을 부정하며 회피하려 하는가?**

→ 시련을 부정하는 것은 순간적인 위안을 줄 수 있지만, 그것을 마주할 때 비로소 우리는 변화할 수 있다.

✔ **고통 속에서도 배울 점을 찾고, 더 나아지기 위한 원동력으로 삼고 있는가?**

→ 고통을 피하지 않고 받아들일 때, 새로운 힘으로 전환할 수 있다.

니체는 우리에게 이렇게 말한다.

"나를 죽이지 못하는 것은 나를 더욱 강하게 만든다."

힘을 통한 창조란, 고난을 피하지 않고 그것을 성장의 동력으로 삼는 태도에서 시작된다. 우리는 실패와 좌절을 통해 배우고, 더욱 강한 존재로 거듭날 수 있다. 중요한 것은 고통을 어떻게 해석하고 활용할 것인가이다. 강한 자는 단순히 고통을 참고 견디는 것이 아니라, 그것을 통해 더 나은 자신을 만들어간다. 고난을 피하려는 순간 우리는 나약해지지만, 그것을 받아들이고 성장의 에너지로 전환하는 순간 우리는 초월적 존재로 나아갈 수 있다.

자기 극복을 통해 새로운 존재로 나아가라

니체는 인간을 끊임없이 변화하고 성장하는 존재로 보았다. 그는 고정된 상태에 머물러 있기를 거부하며, 자기 자신을 계속해서 초월하는 것이야말로 삶의 본질이라고 강조한다. 진정한 자유란 주어진 삶에 안주하는 것이 아니라, 자신의 한계를 넘어서 더 높은 존재로 나아가는 과정 속에서 발견된다. 그러나 우리는 정말로 스스로를 뛰어넘기 위해 노력하고 있는가? 혹시 변화를 두려워하며, 익숙한 틀 안에 머물러 있지는 않은가? 그렇다면 우리는 어떻게 자기 극복을 실천하고 새로운 존재로 나아갈 수 있을까?

✔ 어제의 나보다 더 나은 내가 되기 위해 변화하고 있는가?

→ 인간은 정체된 존재가 아니다. 우리는 어제보다 나은 오늘을 만들기 위해 스스로를 변화시켜야 한다.

✔ 안주하지 않고 끊임없이 성장하고 있는가?

→ 강한 자는 현재에 머무르지 않는다. 그는 지속적으로 자신의 한계를 확장하며, 더 높은 가능성을 향해 나아간다.

니체는 자신만의 길을 찾고, 그것을 개척할 것을 요구한다.
"너의 길을 가라. 그것은 반드시 너의 길이어야 한다."

힘을 통해 창조하는 자는 자신만의 길을 개척하는 자이며, 그는 타인의 가치와 사회적 기준에 얽매이지 않고, 스스로의 삶을 창조하는 존재다. 우리의 삶은 하나의 예술 작품이며, 우리는 그 안에서 새로운 의미와 가치를 창조해야 한다.

자신을 극복하는 것은 단순한 인내가 아닌 끊임없는 변화와 성장을 통해 더 높은 존재로 나아가는 과정이다.

니체는 단순한 생존이 아니라, 자신의 삶을 창조하는 것이야말로 인간이 가져야 할 궁극적 태도라고 말한다. 우리는 기존의 가치 속에서 안주할 것인가, 아니면 스스로의 힘을 통해 새로운 가치를 창조할 것인가? 힘을 통한 창조는 나약함을 벗어나 자기 자신을 초월하는 과정이다. 우리는 매 순간, 자신의 선택을 통해 더 나은 존재로 나아가야 한다.

'지금 이 순간, 나는 나의 삶을 창조하고 있는가?'

이 질문 앞에서 단호하게 '그렇다!'라고 답할 수 있는 사람이야말로, 자신만의 삶을 창조하는 강한 자이다. 삶을 있는 그대로 받아들이는 것이 아니라, 자신의 방식으로 새롭게 구성하는 것, 그것이야말로 진정한 초인의 태도다.

💡 니체에게 배우는 통찰

———— 66 ————

"새로운 삶을 원한다면, 너 자신을 먼저 창조하라."

📖 『차라투스트라는 이렇게 말했다』중에서

———— 99 ————

단순히 과거를 부정하는 것은 충분하지 않다. 무너진 가치의 자리에 무엇을 세울 것인가? 니체는 진정한 창조는 파괴가 아니라 새로운 가능성을 만드는 과정이라고 말한다. 우리는 기존 질서를 무너뜨리는 것에서 멈추지 않고, 그 위에 자신의 삶을 재구성해야 한다.

———— 66 ————

"창조의 힘은 고난과 도전 속에서 자란다."

📖 『우상의 황혼』중에서

———— 99 ————

니체는 창조적 삶이란 편안함 속에서 이루어지는 것이 아니라, 도전과 시련 속에서 태어난다고 보았다. 고통을 피하는 것이 아니라, 그것을 성장의 원동력으로 삼는 것이야말로 창조적 삶의 본질이다. 그는 우리가 삶의 어려움을 외면하지 말고, 그것을 자신을 단련하는 도구로 사용해야 한다고 강조한다.

———————— **"** ————————

"자기 자신을 창조하는 자만이, 진정한 자유를 얻을 수 있다."

📖 『도덕의 계보』중에서

———————— **"** ————————

니체는 단순한 변화를 넘어, 자기 자신을 창조하는 것이야말로 궁극적인 목표라고 말한다. 당신은 지금, 자기 자신을 창조하는 삶을 살고 있는가?

실천적 조언 ✎

삶의 주도권을 갖고 원하는 방향으로 나아가는 법

삶을 단순히 견디는 것이 아니라, 스스로 개척하는 것이야말로 강한 자의 태도이다. 우리는 선택하고 창조할 수 있는 능력을 지닌 존재이다. 그러나 많은 사람들은 타인의 기대에 얽매여 기존의 가치에 순응하며 살아간다. 진정한 삶의 주도권을 가지려면, 자신의 기준을 세우고 능동적으로 삶을 창조해야 한다.

✔ 고난을 성장의 발판으로 삼아라

- 고난을 단순히 피하거나 견디는 것이 아니라, 그것을 성장의 기회로 삼아야 한다.
- 고통을 부정하지 말고, 받아들이고 극복하는 과정에서 새로운 가치를 창조하라.
- 실패는 나약함이 아니라, 더 강한 존재로 거듭나는 필수적인 경험이다.

✔ 타인의 가치에서 벗어나고 자신의 기준을 세워라

- 기존의 가치 체계를 무비판적으로 따르지 말고, 그것이 진정 자신에게 의미가 있는지 점검하라.
- 단순히 전통과 관습을 따르는 것이 아니라, 자신만의 기준을 창조하라.
- 타인의 시선을 의식하는 것이 아니라, 자신이 진정 원하는 삶을 살아라.

✔ 자기 극복을 통해 더 강한 존재로 나아가라
- 현재의 자신에게 만족하지 말고, 끊임없이 새로운 목표를 설정하라.
- 두려움과 한계를 극복하고, 자신을 더 높은 존재로 만들기 위해 노력하라.
- 타인의 기준이 아닌, 자신이 설정한 목표를 향해 나아가라.

✔ 삶을 예술처럼 창조하라
- 순간순간을 의미 있게 만들고, 삶을 능동적으로 설계하라.
- 단순히 생존하는 것이 아니라, 자신만의 색깔과 가치로 삶을 채워라.
- 기존의 틀에서 벗어나, 자신만의 방식으로 삶을 창조하라.

✔ 운명을 사랑하라(Amor Fati)
- 삶의 모든 순간을 필연적인 과정으로 받아들이고, 그것을 능동적으로 개척하라.
- 자신이 처한 현실을 원망하지 말고, 그 안에서 새로운 의미를 창조하라.

- 단순한 체념이 아니라, 자신의 의지로 삶을 만들어가는 태도를 가져라.

✔ 이 순간을 온전히 긍정하라

- 니체는 우리에게 이 질문을 던진다. 지금 이 순간을 기꺼이 다시 살고 싶다고 말할 수 있는가?

8장

새로운 가치를 세우다

도덕적 이분법을 넘어
(선과 악을 뛰어넘는 가치 창조의 필요성)

우리는 '선'과 '악'이라는 개념이 절대적인 것이라 믿지만 니체는 이러한 도덕적 이분법이 특정한 시대와 사회적 배경에서 형성된 인위적인 가치 체계에 불과하다고 지적한다. 과연 '선'은 정말 선한 것인가? '악'은 정말 악한 것인가? 우리가 신념처럼 받아들이는 도덕은 본질적으로 인간의 본능과 생명력을 억누르고, 자율적 존재로서의 자기 창조 가능성을 막아왔다. 니체는 이러한 도덕적 틀을 의심하고 넘어서야 진정한 자유에 도달할 수 있다고 말한다. 이제 우리는 선과 악을 뛰어넘어, 스스로 새로운 가치를 창조할 필요가 있다.

사람들은 흔히 어떤 행동이 옳은지, 무엇이 선한 것인지 깊이 고민하지 않고 당연하게 받아들인다. 그러나 이러한 판단이 과연 진정한 내면의 신념인지, 아니면 단순히 사회와 환경에서 배운 가치관인지 생각해본 적이 있는가? 니체는 우리가 무심코 따르는 도덕적 기준이 개인을 통제하고 억누르기 위한 사회의 도구일 수 있다고 지적한다. 선과 악의 개념조차 지배 계층이 자신의 이익을 유지하기 위해 만들어낸 허상일 수 있다는 것이다. 우리가 일상에서 믿고 따르는 도덕은 정말 보편적이고 절대적인 것일까, 아니면 특정한 시대와 문화가 만들어낸 상대적 규범일 뿐일까? 만약 그렇다면, 우리는 그 기준들을 다시 생각해보고 의문을 품을 필요가 있지 않을까?

✔ **인간은 태어나면서부터 도덕적 틀 속에서 길러진다.**

→ 우리는 어려서부터 무엇이 선하고 악한지, 어떻게 행동해야 하는지를 교육받으며 자란다. 그러나 그 기준은 정말 절대적인 것일까?

✔ **그러나 니체는 우리가 일반적으로 '선'이라고 믿는 것이, 사실은 사회적 통제의 수단일 수 있음을 지적한다.**

→ 우리가 선하다고 여기는 것들은 개인의 본성과 무관하게, 사회가 질서를 유지하기 위해 만들어낸 규범일 가능성이 크다.

✔ **기독교적 도덕과 전통적 윤리는 겸손과 희생, 복종을 강조하며 강한 자의 본능을 억누르는 구조를 형성해왔다.**

→ 특히 기독교적 윤리는 개인의 힘과 욕망을 부정하며, 순종과 희생을

미덕으로 만든다. 그러나 이는 강한 자를 약하게 만들고, 스스로의 힘을 잃어버리게 하는 도덕적 기만일 수 있다.

우리가 따르는 도덕적 기준이 정말 우리의 신념인지, 아니면 주어진 틀을 무의식적으로 따르고 있는 것인지 성찰해볼 필요가 있다. 당신이 믿는 도덕적 기준은 정말 당신만의 것인가? 아니면 타인이 만든 기준에 불과한가?

→ 우리는 자신의 도덕적 신념이 당연한 것이라 믿지만, 그것이 과연 내면에서 나온 것인지, 아니면 사회가 부여한 것인지 고민해 보아야 한다. 니체는 도덕을 맹목적으로 받아들이는 것이 아니라, 그 기원을 의심하고 재평가하는 것이야말로 자유로운 정신의 시작이라고 말한다.

겸손과 희생 vs. 개인의 강한 의지

대다수의 사람들은 흔히 겸손과 희생을 미덕으로 여기며, 강한 의지는 위험하다고 배운다. 하지만 이러한 가치관이 정말 우리를 자유롭게 하는가? 니체는 도덕이 단순한 윤리가 아니라, 강자와 약자가 각기 다른 방식으로 만든 가치 체계라고 분석한다. 기존 도덕이 절대적 진리가 아니라 힘의 관계 속에서 형성된 것이라면, 우리는 그 기원을 다시 살펴야 한다. 그는 이를 '노예의 도덕'과 '주인의 도덕'으로 구분하며, 약자는 약함을 미덕으로 포장해 자신을 정당화하고, 강자는 자신의 힘과 생명력을 긍정하며 가치를 만든다고 설명한다. 그렇다면 우리는 지금 어떤 도덕을 따르고 있으며, 그것이 과연 우리를 더 나은 존재로 이끄는가?

✔ 노예의 도덕: 나약한 자들이 자기 약함을 정당화하기 위해 만들어낸 가치 체계

→ 힘이 없는 자들은 나약함을 숨기기 위해 겸손과 순종을 '선'으로 포장한다. 그들은 강한 자를 '악'이라 규정하며, 도덕적 우월성을 강조한다.

✔ 노예의 도덕은 겸손과 자기희생을 미덕으로 삼고, 강한 자를 '악'이라 규정한다.

→ 단순한 윤리적 판단이 아니라, 강한 자를 억누르기 위한 도덕적 전략이다. 강한 자가 자신의 힘을 긍정하지 못하도록 만들고, 순응하는 것이 선한 것이라고 믿게 만든다.

✔ 주인의 도덕: 강한 자가 자기 긍정과 창조성을 바탕으로 세운 가치 체계

→ 강한 자는 타인의 가치에 종속되지 않고, 자기 긍정과 창조성을 바탕으로 새로운 가치를 만들어낸다. 그는 자신의 힘을 부끄러워하지 않으며, 순응이 아닌 자기 실현을 목표로 한다.

✔ 주인의 도덕은 용기와 자기 결정, 강한 의지를 강조한다.

→ 주인의 도덕은 다른 누군가가 만들어놓은 틀을 따르는 것이 아니라, 스스로 의미를 창조하는 것이다. 강한 자는 자신의 삶을 능동적으로 개척하며, 외부의 가치에 흔들리지 않는다.

도덕은 단순한 선악의 문제가 아니라, 힘과 가치의 관계 속에서 형성된 것이다. 우리는 스스로 어떤 도덕을 따르고 있는가? 결국 우리가 따르는 도덕이 정말 우리 자신의 것인지, 아니면 나약한 자들이 만들어낸 틀 속에 갇혀 있는 것인지 고민해야 한다.

당신이 따르는 도덕은 겸손과 희생인가, 강한 의지인가?

→ 우리들은 어릴적 배운 도덕을 당연한 것으로 받아들이지만, 그것이 정말 우리를 자유롭게 하는 것인지 고민해야 한다. 니체는 도덕을 단순한 윤리적 명제가 아니라, 인간의 본성과 힘의 관계 속에서 형성된 가치 체계로 바라보았다. 따라서 우리가 진정으로 자유로운 존재가 되려면, 자신이 따르는 도덕이 무엇인지 다시 성찰하고, 주체적으로 가치를 창조해야 한다.

기존 도덕이 무너진 후 새로운 가치를 창조하라

우리는 흔히 기존의 도덕이 무너질 때 삶의 방향을 잃고 허무에 빠진다. 익숙한 가치가 사라지면 혼란과 공허함이 찾아오기 때문이다. 하지만 니체는 도덕의 붕괴가 끝이 아니라 새로운 가치를 창조할 기회라고 말한다. 기존 가치가 무너졌다면 우리는 무엇을 선택해야 할까? 모든 것이 사라진다고 해서 반드시 허무가 따르는 것은 아니다. 오히려 우리는 그 빈자리를 채우며, "나는 무엇을 위해 살 것인가?"라는 깊은 질문을 던질 수 있다.

✔ **도덕적 이분법을 부수는 것은 끝이 아니라, 새로운 가치 창조의 시작이다.**

→ 기존 도덕은 선과 악, 옳고 그름을 구분하며 인간을 억압해왔다. 그러나 이러한 이분법을 넘어설 때 우리는 새로운 의미를 창조할 수 있다.

✔ **기존 도덕이 해체되면 인간은 허무에 빠질 수도 있지만, 진정한 초인은 그 허무를 넘어 자신만의 새로운 의미를 창조한다.**

→ 사람들은 전통적 가치가 사라지면 삶의 의미도 사라진다고 믿는다. 그러나 초인은 허무의 공백에 빠지지 않고, 자기만의 가치를 만들어낸다.

✔ 우리는 더 이상 타인의 기준이 아니라, 우리 스스로의 기준을 세워야 한다.

→ 기존 도덕이 부여한 가치를 그대로 따르는 것이 아니라, 자신만의 기준을 설정하고, 능동적으로 삶의 의미를 창조해야 한다.

결국 도덕의 붕괴는 혼란이 아니라, 새로운 시작이다. 중요한 것은 기존의 틀을 벗어난 후 어떤 방향을 선택할 것인가이다.

기존 도덕이 해체된 후, 우리는 단순한 허무주의에 머물러야 하는가? 아니면 새로운 의미를 창조해야 하는가?

→ 기존 도덕이 해체되었을 때, 우리는 허무에 빠질 수도 있지만, 그것이 반드시 절망일 필요는 없다. 니체는 기존 가치의 붕괴를 오히려 새로운 창조의 기회로 보았으며, 우리가 해야 할 일은 단순히 전통적 가치를 부정하는 것이 아니라, 그 자리에 자기만의 의미를 세우는 것이라고 말한다. 자신이 설정한 기준 위에서 살아갈 용기가 있을 때, 우리는 진정한 초인으로 나아갈 수 있다.

고통을 긍정하라

우리는 흔히 고통을 피해야 할 것, 가능한 한 제거해야 할 것으로 여긴다. 하지만 정말로 고통 없는 삶이 우리를 강하게 만들 수 있을까? 니체는 고통을 단순한 시련이 아니라, 성장과 자기 극복을 위한 필수 과정으로 보았다. 고통을 피하는 것이 행복이라는 통념이 지배하지만, 과연 그것이 우리를 나아가게 하는가? 고통은 내면을 돌아보게 하고, 한계를 깨닫게 하며, 이를 넘어설 용기를 준다. 편안함은 즐거울 수 있어도, 깊은 성장은 고통 속에서 비롯되지 않을까?

✔ 기존 도덕은 고통과 시련을 피해야 할 것으로 본다.

→ 우리는 고통을 부정적인 것으로 인식하며, 고난이 없는 상태를 이상적으로 여긴다. 하지만 이러한 사고방식은 인간을 나약하게 만들 뿐이다.

✔ 그러나 니체는 고통을 회피하는 것이 아니라, 그것을 긍정하는 태도가 필요하다고 주장한다.

→ 강한 자는 고통을 두려워하지 않고, 그것을 삶의 일부로 받아들이며, 자기 성장의 원동력으로 삼는다.

✔ 삶의 모든 순간을 긍정하고, 고통조차 성장의 일부로 받아들이는 자만이 자기 극복을 실천할 수 있다.

→ 고통을 피하는 것이 아니라, 그것을 통해 더 강한 존재로 거듭날 때 우리는 비로소 자기 극복을 실현할 수 있다.

결국 고통은 우리가 넘어야 할 장애물이 아니라, 더 강한 존재로 성장하기 위한 기회다. 삶의 고통을 거부하는 태도는 우리를 나약하게 만들지만, 그것을 긍정하는 순간 우리는 더 강한 존재로 변화할 수 있다. 당신은 삶의 고통을 피하려 하는가, 아니면 그것을 성장의 기회로 삼는가?

→ 본능적으로 고통을 피하려 하지만, 그것이 정말로 우리에게 도움이 되는가? 니체는 고통이야말로 인간을 단련하고 강하게 만드는 요소라고 강조한다. 자신의 삶을 긍정하는 자만이 고통 속에서도 의미를 찾을 수 있으며, 그것을 성장의 계기로 삼을 수 있다. 고통을 두려워 하지말고, 아니면 그것을 자신의 일부로 받아들이고 더 높은 존재로 나아가야 한다.

우리들은 흔히 기존의 가치를 부정하는 것이 변화라고 생각하지만, 단순한 부정만으로는 아무것도 창조할 수 없다. 니체는 진정한 변화란 기존의 낡은 가치 체계를 무너뜨리는 동시에, 그 자리에 새로운 의미를 창조하는 것이라고 보았다. 파괴는 끝이 아니라, 창조의 시작이다. 그러나 파괴만으로는 충분하지 않다. 무너진 자리에서 무엇을 세울 것인가, 바로 여기에 진정한 변화의 의미가 있다.

✔ 새로운 가치는 기존 낡은 가치의 파괴로부터 시작된다.

→ 모든 혁신은 과거의 가치와 질서를 해체하는 데서 출발한다. 중요한 것은 그다음 단계인 무너진 자리에서 무엇을 새롭게 세울 것인가이다.

✔ 니체는 단순한 부정이 아니라, 기존의 도덕이 무너진 자리에 새로운 의미를 창조할 것을 요구한다.

→ 파괴는 목적이 아니라 과정이다. 진정한 초인은 기존 도덕을 부정하는 데 그치지 않고, 그 너머에서 새로운 가치를 창조한다.

✔ 초인은 과거의 가치를 거부하는 것이 아니라, 그 너머에서 새로운 가치를 창조하는 존재이다.

→ 그는 단순히 전통을 거부하는 것이 아니라, 보다 높은 가치와 의미를 만들어내며, 자기 자신이 창조자가 된다.

진정한 변혁은 단순한 거부가 아니라, 새로운 의미를 부여하는 데 있다. 기존의 가치를 거부하는 것은 쉽지만, 그 빈자리를 무엇으로 채울 것인지는 또 다른 문제다. 당신은 과거의 가치에서 벗어나, 새로운 가치를 창조할 용기가 있는가?

→ 대부분의 사람들은 흔히 과거의 도덕과 가치가 낡았다고 생각하면서도, 그 너머에서 무엇을 창조해야 할지 고민하지 않는다. 니체는 단순한 거부로 끝나는 것이 아니라, 스스로 의미를 창조하는 것이야말로 초인의 길이라고 말한다. 과거의 틀을 깨뜨리는 데서 멈추지 말고, 그 위에 새로운 가치를 세워야 한다. 이것이 우리가 답해야 할 질문이다.

허무주의를 넘어

우리는 흔히 기존의 도덕과 가치가 무너지는 순간, 삶의 의미를 잃고 허무에 빠지게 된다. 하지만 허무주의는 정말 피해야 할 것인가? 아니면 새로운 창조의 출발점이 될 수 있는가? 니체는 허무를 두려워할 것이 아니라, 그것을 새로운 가능성을 위한 토대로 삼아야 한다고 강조한다.

허무를 부정적으로만 볼 필요가 있을까? 기존 가치가 무너질 때 우리는 방향을 잃을 수도 있지만, 그 혼란 속에서 새로운 의미를 발견할 수도 있다.

✔ **기존 도덕이 무너질 때, 허무주의에 빠질 위험이 있다.**

→ 기존의 가치 체계가 해체되면, 삶의 의미를 어디서 찾아야 할지 혼란스러워진다. 이때 많은 사람들은 허무주의에 빠져 무기력해진다.

✔ **허무를 새로운 창조의 기회로 삼아야 한다.**

→ 허무는 끝이 아며 새로운 의미를 창조할 기회를 제공한다. 진정한 초

인은 허무를 극복하는 것이 아니라, 그것을 활용하여 더 높은 가치를 만들어낸다.

✔ 허무는 끝이 아니라, 새로운 가능성이 시작되는 순간이다.

→ 허무를 견디지 못하는 자는 과거의 가치에 집착하지만, 허무를 받아들이는 자는 거기서 새로운 의미를 만들어낸다.

결국 허무주의는 피해야 할 함정이 아니라, 더 높은 차원의 의미를 창조할 수 있는 공간이다. 삶의 의미가 완전히 사라지는 순간이 아니라, 우리가 새로운 가치를 창조할 수 있는 기회인 것이다. 당신은 허무를 피하려 하는가, 아니면 그것을 적극적으로 활용할 것인가?

→ 허무를 부정하는 것은 곧 새로운 창조의 가능성을 거부하는 것이다. 니체는 기존 가치가 무너진 그 자리에 새로운 의미를 세우는 것이야말로 인간이 해야 할 일이라고 말한다. 허무는 무력감이 아니라, 새로운 시작의 공간이다. 우리는 허무를 피하지 말고, 그것을 기회로 삼아 자기만의 가치를 창조해야 한다.

니체는 우리에게 이렇게 묻는다.

"그대는 선과 악을 뛰어넘어, 새로운 가치를 창조할 준비가 되었는가?"

결국, 기존 도덕이 부과한 선과 악의 틀을 깨야 한다. 더 이상 타인의 가치에 종속되지 않고 자신만의 기준을 창조해야 하고 허무주의를 두려워하지 않으며, 그 너머에서 새로운 의미를 만들어야 한다.

니체는 말한다.

"너희 자신을 극복하고 새로운 가치를 창조하라. 그것이 너희
의 운명이자, 삶의 진정한 긍정이다."

이제, 도덕적 이분법을 넘어선 새로운 가치를 창조할 때다.

🔅 니체에게 배우는 통찰

"

"타인의 평가를 따르는 자는 결코 자유로울 수 없다."

📖 『권력에의 의지』 중에서

"

인간은 본능적으로 타인의 인정과 사회적 기준을 따르려 하지만, 그것이 반드시 옳은 것은 아니다. 니체는 우리가 남의 시선 속에서 살아가는 한, 결코 자기 삶을 창조할 수 없다고 말한다. 타인의 기대에 맞추어 사는 것은 결국 자기 존재를 부정하는 길이다. 당신은 지금 누구의 기준으로 살아가고 있는가?

"

"도덕이란 시대에 따라 변한다.
그러나 자기 자신이 되는 길은 변하지 않는다."

📖 『도덕의 계보』 중에서

"

사회는 우리가 정해진 도덕과 규범을 따르기를 요구하지만, 니체는 도덕이 절대적인 것이 아니라고 지적한다. 기존의 가치가 반드시 옳은 것은 아니며, 그것이 당신을 억압하고 있다면 과감

히 벗어나야 한다. 당신이 지금 따르는 신념은 정말 당신의 것인가? 아니면 시대와 환경이 강요한 것인가?

―――――――― " ――――――――

"진정한 자유는
타인의 시선에서 벗어날 때 비로소 가능하다."

📖 『차라투스트라는 이렇게 말했다』중에서

―――――――― 〟 ――――――――

니체는 자유로운 정신이 되기 위해서는 타인의 시선과 기대에서 벗어나야 한다고 말한다. 당신은 지금, 타인의 기대 속에서 살아가고 있는가, 아니면 스스로의 삶을 창조하고 있는가?

자기 기준을 세워라
(타인의 평가에서 벗어나 독립적인 삶을 사는 법)

사람들은 태어나면서부터 사회적 규범과 도덕적 가치 속에서 살아간다. 그것들은 마치 절대적인 진리처럼 우리 삶에 깊숙이 자리 잡고 있지만, 정말로 그렇다고 할 수 있을까? 니체는 우리가 무비판적으로 따르는 기존의 가치 체계가 본질적으로 인간을 억압하며, 타인의 기준에 종속되도록 길들이는 장치라고 지적한다. 이러한 가치관에 무심코 순응할 때 우리는 스스로의 삶을 잃어버리게 된다. 니체는 타인의 기대에 맞춰 살아가는 것이 진정한 자기 상실의 길이라고 말하며, 인간은 반드시 스스로의 기준과 가치를 창조해야만 진정한 자유와 자율을 얻을 수 있다고 강조한다. 이는 단순한 반항이 아니라, 자기 존재를 주체적으로 재정립하는 과정이다.

우리는 어릴 때부터 도덕과 사회적 규범을 배우며 성장한다. 무엇이 옳고 그른지, 어떻게 행동해야 하는지를 자연스럽게 받아들이지만, 이 가치들은 정말 절대적인 것일까? 아니면 단지 주어진 환경 속에서 반복적으로 학습된 것일 뿐일까? 니체는 우리가 신념처럼 믿고 따르는 것들이 사실은 특정한 시대와 사회적 목적을 위해 만들어진 것에 불과하다고 지적한다. 우리가 당연하게 여기는 가치들이 과연 변하지 않는 진리인지, 아니면 시대적 필요와 권력 관계 속에서 형성된 상대적 산물인지 다시 생각해볼 필요가 있다. 이를 의심하지 않을 때, 우리는 무의식적으로 타인의 가치에 종속되며 스스로 사고할 기회를 잃게 된다.

✔ 우리는 사회적 기준을 자연스럽게 받아들이며 성장한다.

→ 도덕과 가치 기준은 우리가 태어나기 전부터 존재해왔고, 우리는 그것을 자연스럽게 내면화하며 살아간다. 하지만 그것이 정말 보편적이고 절대적인 것일까?

✔ 니체는 이러한 가치들이 본래 특정한 시대적·사회적 목적을 위해 만들어진 가변적인 것이라고 지적한다.

→ 도덕은 시대와 사회에 따라 변하며, 특정한 목적을 위해 형성된 것이다. 그것이 마치 절대적인 신념인 것처럼 여겨왔지만, 과연 정말 그럴까?

✔ 도덕과 규범은 본질적으로 인간을 통제하고 강한 자의 힘을 억누르기 위한 구조가 되어왔다.

→ 특히 기존의 도덕은 개인의 힘과 본능을 억제하는 방향으로 발전해왔

다. 강한 자가 스스로를 긍정하지 못하도록 만들고, 모두가 동일한 가치관을 따르도록 강요하는 것이다.

대부분의 사람들은 지금까지 도덕을 당연한 것으로 받아들여 왔지만, 그것이 정말 우리를 위한 것인지, 아니면 우리를 통제하기 위한 것인지 돌아볼 필요가 있다. 결국 우리가 믿고 따르는 도덕은 정말 우리 자신의 것인가, 아니면 사회가 부여한 틀 안에서 만들어진 것인가?

→ 사람들은 흔히 자신의 가치관이 스스로 선택한 것이라 믿지만, 그것이 과연 자유로운 선택이었는지 기존 도덕을 단순히 따르고 있는것인지 확인해야 한다. 니체는 우리가 기존 도덕을 무비판적으로 받아들이는 것이 아니라, 그것의 기원을 의심하고 재평가해야 한다고 말한다. 도덕은 절대적인 것이 아니라 시대와 목적에 따라 변화하는 것이라면, 우리는 어떤 기준으로 자신의 신념을 정립해야 할 것인지 스스로 생각해보아야 한다

자기 기준을 창조하라

흔히 기존의 도덕이 붕괴되면 삶의 의미도 함께 사라진다고 생각한다. 익숙한 가치가 무너질 때 공허함과 혼란이 찾아오는 것은 자연스러운 일이다. 하지만 니체는 기존의 가치가 무너진다는 것이 허무에 빠지라는 뜻이 아니라고 말한다. 오히려 그것은 우리에게 새로운 가치를 창조할 수 있는 소중한 기회다. 이제 우리의 삶을 결정짓는 것은 더 이상 외부의 기준이나 타인의 기대

가 아니라, 우리가 스스로 세우고 선택한 가치여야 한다. 그렇다면 도덕이 사라진 순간, 우리는 허무에 머무를 것인가? 아니면 그 빈자리에 자신만의 새로운 의미를 창조할 것인가?

✔ 기존 도덕이 붕괴된다고 해서 허무에 빠지는 것이 아니다.

→ 도덕이 사라진다고 해서 삶의 의미까지 사라지는 것은 아니다. 오히려 그 순간이야말로 진정한 의미를 창조할 기회가 된다.

✔ 니체는 기존의 가치를 부정하는 것에 그치지 말고, 그 빈자리에 새로운 의미를 창조할 것을 요구한다.

→ 기존의 가치를 거부하는 것만으로는 충분하지 않다. 그것을 대체할 새로운 기준을 만들지 않는다면, 우리는 여전히 공허 속에 머물게 된다.

✔ 진정한 초인은 타인의 기준을 거부하고, 자신의 삶의 방향을 직접 설정하는 자이다.

→ 초인은 사회가 부여한 가치에 흔들리지 않고, 자기 자신이 기준이 되는 삶을 선택한다.

결국 중요한 것은 무엇을 부정하느냐가 아니라, 그 자리에 무엇을 세우느냐. 우리의 삶이 정말 우리 자신의 것이라면, 우리는 스스로의 기준을 세우고 있는가? 아니면 여전히 남들이 정한 틀 안에서 의미를 찾고 있는가?

→ 우리들은 흔히 자신의 신념을 가지고 있다고 생각하지만, 그것이 정말 스스로의 선택인지, 아니면 타인의 기대에 따라 형성된 것인지 고민해 볼 필요가 있다. 니체는 기존 가치를 단순히 부정하는 것이 아니라, 자기만의 가치를 창조하는 것이야말로 진정한 자

유라고 말한다. 당신은 스스로 기준을 세울 것인지, 아니면 여전히 타인의 가치에 의존할 것인지 결정해야 한다.

타인의 시선에서 벗어나라

대부분의 사람들은 알게 모르게 타인의 기대와 사회적 기준에 맞추며 살아간다. 자신이 진정으로 원하는 삶이 따로 있음에도 불구하고, 주변의 시선을 의식해 행동을 조정할 때가 많다. 그러나 이러한 삶은 결국 자기 자신을 배신하는 행위가 되지 않는가? 니체는 타인의 시선에서 벗어나지 못하는 것이야말로 진정한 자기 배신이며, 자유로운 삶을 가로막는 가장 큰 장애물이라고 경고한다. 타인의 기준에 맞추며 사는 삶은 편안해 보일지 몰라도, 결국 자신의 내면을 외면하는 길이다. 그렇다면 우리는 정말 우리 자신의 의지로 살아가고 있는가, 아니면 타인의 기대 속에서 스스로를 속이며 살아가고 있는가?

✔ **우리는 종종 타인의 기대와 사회적 기준을 맞추기 위해 자신을 속이며 살아간다.**

→ 사람들은 인정받고 싶어 한다. 그 과정에서 자신의 본모습을 감추고, 타인의 기대에 맞춰 살아간다면 그것이 진정한 삶이라 할 수 있을까?

✔ **니체는 이것이야말로 진정한 자기 배신이며, 자유로운 삶을 가로막는 가장 큰 장애물이라고 말한다.**

→ 우리는 타인의 시선을 의식하는 순간, 자신의 선택을 스스로 하지 못하게 된다. 결국, 남이 정한 삶을 살면서도 그것이 내 것이라 착각하게 되는

것이다.

✔자신의 삶을 살아가기 위해서는, 타인의 평가에서 완전히 벗어나야 한다.

→ 타인의 기대에 맞춰 사는 것은 편할 수도 있다. 하지만 그것은 결코 자유로운 삶이 아니다. 진정한 자유는 자기 자신이 삶의 기준이 될 때 비로소 가능해진다.

우리는 정말로 자기 자신의 선택을 하고 있는가? 아니면 타인의 기대를 따라 움직이고 있는가?

→ 대부분의 사람들은 흔히 자신의 결정을 스스로 내린다고 믿지만, 그것이 과연 온전한 자기 선택이었는지 반문해보아야 한다. 니체는 자유로운 삶을 위해 타인의 시선에서 완전히 벗어나야 한다고 강조한다. 남의 기대를 따르며 살아갈 것인지, 아니면 자기 자신이 기준이 되는 삶을 선택할 것인지 스스로 결정하라

자기 극복

대다수의 사람들은 성장을 원하지만, 정작 변화의 순간이 오면 두려움을 느낀다. 익숙한 것에 머물고자 하는 본능과 더 나아가야 한다는 욕망이 충돌할 때, 우리는 과거의 자신을 뛰어넘을 용기가 있는가? 니체는 진정한 성장은 단순한 변화가 아니라, 끊임없이 자기 자신을 초월하는 과정 속에서 이루어진다고 말한다.

변화란 단순히 기존의 것을 부정하는 것이 아니라, 더 나은 방향으로 나아가기 위한 지속적인 자기 혁신을 의미한다.

✔ **자기 기준을 창조하는 과정은 단순한 변화가 아니다.**

→ 우리는 종종 기존의 가치를 거부하는 것이 곧 자유라고 착각한다. 그러나 진정한 자유는 새로운 가치를 창조하는 것이며, 이는 끊임없는 자기 혁신을 필요로 한다.

✔ **그것은 끊임없이 과거의 자신을 초월하고, 더 강한 존재로 나아가는 자기 극복의 과정이다.**

→ 자기 극복이란 어제의 나를 뛰어넘어, 보다 높은 단계로 나아가는 과정이다. 스스로를 변화시키지 않는다면, 우리는 결국 과거에 머물고 만다.

✔ **니체는 모든 시련과 고통이 자기 성장을 위한 도구가 될 수 있음을 강조한다.**

→ 성장에는 반드시 고통이 따른다. 하지만 그 고통을 어떻게 받아들이느냐에 따라 우리는 더 강해질 수도, 혹은 무너질 수도 있다.

사람들은 성장하고 싶어 하지만, 정작 변화의 순간이 오면 주저한다. 당신은 지금의 자신을 초월할 준비가 되었는가?

→ 우리들은 누구나 변화하고 싶다고 말하지만, 실제로 변화하려면 자기 자신과 끊임없이 싸워야만 한다. 니체는 모든 시련과 고통을 자기 극복의 도구로 삼으라고 하며, 지금의 모습에 안주할 것인지, 아니면 자기 자신을 초월하여 더 강한 존재로 나아갈 것인지 결정해야 한다고 말한다.

창조적 실천

우리는 흔히 자신의 길을 가고 있다고 믿지만, 정말로 그렇다고 확신할 수 있는가? 사회가 정해준 틀 안에서 벗어나지 않은 채, 타인의 기대에 맞춰 살아가면서도 그것이 스스로의 선택이라 착각하진 않는가? 익숙함을 좇는 삶은 편안할 수 있지만, 과연 그것이 진정한 자유일까? 니체는 진정한 강한 자란 남이 정한 기준에 따르지 않고, 자기만의 기준을 창조하며 실천하는 자라고 말한다. 그렇다면 우리는 정말 자기 삶을 살고 있는가, 아니면 사회가 정한 길을 따르며 그것이 선택이라 믿고 있는가?

✔ 강한 자는 더 이상 타인의 기대에 얽매이지 않고, 자기만의 기준을 따른다.

→ 다른 사람이 정한 삶의 방향에 따라 움직이지 않는다. 자기 신념을 기반으로 스스로 선택하며, 그것을 실천하는 데서 진정한 자유를 발견한다.

✔ 그는 주어진 환경을 탓하지 않고, 자신의 삶을 능동적으로 창조하는 존재이다.

→ 환경이 어떠하든 그것을 이유로 삼아 멈추지 않는다. 강한 자는 제약 속에서도 자신의 길을 만들고, 삶을 스스로 개척한다.

✔ 진정한 자유는 기존의 틀을 벗어나, 자기 기준에 따라 삶을 설계하는 과정에서만 실현된다.

→ 자유는 주어지는 것이 아니라, 스스로 창조해야 하는 것이다. 남들이 만들어 놓은 틀 속에서 자유를 찾을 수는 없다.

당신은 스스로의 길을 가고 있는가, 아니면 남이 정해준 길을 따라가고 있는가?

→ 사람들은 흔히 자기 삶을 스스로 결정한다고 믿고 있지만, 그

것이 진정한 자기 선택인지, 아니면 사회가 만들어 놓은 기준 안에서 선택한 것인지 진지하게 생각해 보아야 한다. 니체는 타인의 기준이 아니라, 스스로의 기준을 세우고 그에 따라 행동하는 것이야말로 창조적 실천의 시작이라고 말한다. 당신은 진정한 자유를 향해 초인처럼 나아가고 있는지, 아니면 여전히 남이 정해준 길을 따라가고 있는지 반문해보아야 한다

고난을 두려워하지 마라

우리는 흔히 고난을 피해야 할 장애물로 생각하지만, 과연 그것이 올바른 태도일까? 삶을 변화시키고, 새로운 기준을 세우는 과정은 필연적으로 어려움을 동반한다. 고통을 회피하려 한다면, 우리는 결코 자기 삶을 온전히 창조할 수 없다. 니체는 고난을 삶의 일부로 받아들이고, 그것을 성장의 기회로 삼아야 한다고 강조한다. 그렇다면 우리는 고난을 피할 것인가, 아니면 그것을 통해 더 강한 존재로 거듭날 것인가?

✔ **기존 가치 체계를 부수고 새로운 기준을 세우는 과정은 결코 쉬운 길이 아니다.**

→ 새로운 가치를 창조하는 것은 단순한 선택이 아니라, 끊임없는 도전과 극복을 요구하는 길이다. 기존 질서를 거부하고 자신만의 기준을 정립하는 순간, 우리는 반드시 시련과 마주하게 된다.

✔ **니체는 고난과 시련을 삶의 필연적 일부로 받아들이고, 그것을 자기 성장의 도구로 삼을 것을 요구한다.**

→ 고통은 피하는 것이 아니라, 우리의 성장과 변화를 위해 반드시 거쳐

야 하는 과정이다. 고난을 받아들이는 자만이, 자기 삶을 주체적으로 만들어갈 수 있다.

✔ 자기 삶을 창조하는 것은 단순한 변화가 아니라, 끊임없이 자신을 초월하는 과정이다.

→ 삶을 창조하는 것은 단순히 다른 선택을 하는 것이 아니다. 그것은 과거의 나를 뛰어넘고, 더 강한 존재로 나아가는 과정이다.

더 나은 삶을 원하지만, 고통과 시련을 감수할 준비가 되어 있는가? 진정한 창조는 고난을 긍정하는 순간 시작된다.

당신은 자신의 삶을 창조하기 위해, 고통조차 긍정할 준비가 되었는가?

→ 많은 이들이 변화를 꿈꾸지만, 그것이 시련을 동반한다는 사실은 외면하려 한다. 니체는 고난을 거부하는 것이 아니라, 그것을 삶의 일부로 받아들이고 성장의 도구로 삼아야만 변할 수 있다고 말한다. 당신은 삶을 온전히 창조하며 나아가되, 고통을 두려워하지 않아야 한다.

니체는 우리에게 이렇게 묻는다.

"그대는 타인의 평가에서 벗어나, 자기 삶을 창조할 준비가 되었는가?"

우리는 더 이상 타인의 기준에 따라 살아서는 안 되며 남이 정해준 도덕과 가치에 종속되어서는 안 된다. 자신만의 기준을 세우고, 그것을 실천해야 한다.

니체는 선언한다.

"너 자신을 극복하고, 가치를 창조하라. 그것이 운명이다."

이제, 타인의 기대에서 벗어나, 자기 기준을 창조할 때다.

💡 니체에게 배우는 통찰

> "
>
> "너의 길을 가라. 그것이 반드시 너의 길이어야 한다."
>
> 📖 『즐거운 학문』중에서
>
> "

우리는 종종 타인의 기대와 사회적 기준에 맞춰 자신의 삶을 결정하지만, 니체는 이를 강하게 비판한다. 강한 자는 타인의 평가에 휘둘리지 않고, 자기만의 길을 개척하는 자다. 당신이 가고 있는 길은 당신이 선택한 것인가, 아니면 남이 정해준 것인가?

> "
>
> "기존의 가치가 너를 옭아맨다면, 과감히 그것을 버려라."
>
> 📖 『권력에의 의지』중에서
>
> "

니체는 기존 도덕이 인간을 수동적이고 순응적인 존재로 만들며, 삶의 창조성을 억압한다고 보았다. 기존의 가치를 부정하는 것은 단순한 반항이 아니다. 그것은 자기 삶을 새롭게 구성하는 첫걸음이다. 당신은 과거의 가치에 묶여 있는가, 아니면 새로운 가치를 창조하고 있는가?

"길을 찾지 말고, 길을 만들어라."

📖 『차라투스트라는 이렇게 말했다』중에서

니체는 삶이란 주어진 길을 따르는 것이 아니라, 자기만의 길을 창조하는 과정이라고 강조한다. 당신은 지금, 남이 만들어 놓은 길을 따르고 있는가, 새로운 길을 만들어 가고 있는가?

가치를 실천하는 힘
(일상에서 니체적 사고를 실현하는 방법)

니체는 단순히 기존의 가치를 해체하는 데 머무르지 않았다. 그는 파괴만으로는 충분하지 않으며, 새로운 가치를 창조하는 것이야말로 인간이 가야 할 궁극적인 길이라고 보았다. 이는 단순한 철학적 개념이나 추상적인 이론이 아니라, 실제 삶 속에서 끊임없이 실천해야 하는 태도다. 많은 사람들은 기존의 도덕과 사회적 규범을 무비판적으로 따르며, 그것이 안전과 안정을 보장한다고 믿는다. 그러나 니체는 이러한 태도가 오히려 인간의 창조성을 억누르고, 개인을 무기력하게 만들어 삶의 생동감을 잃게만든다고 강하게 비판한다. 기존 가치에 의존하면 편안할 수 있지만, 그 안에서는 새로운 가능성이 열리지 않는다. 그는 스스로 질문하고, 기존의 틀을 깨며 자신만의 기준을 세우는 것이야말로 진정한 자유의 출발점이라고 강조한다. 그렇다면 우리는 어떻게 니체적 사고를 일상에서 실현하며, 타인의 시선과 규범에 휘둘리지 않고 스스로의 삶을 창조할 수 있을까?

그 핵심은 다음과 같다.

✔ **타인의 가치관에서 벗어나라.**
✔ **자신의 삶을 실험하고 변화시켜라.**
✔ **고난을 두려워하지 말고, 그것을 성장의 계기로 삼아라.**
✔ **허무를 넘어서, 자기 존재를 긍정하라.**

기존 가치에서 벗어나 자기 삶을 창조하라

사람들은 어려서부터 사회적 규범과 도덕을 배우며, 그것이 절대적인 진리라고 믿는다. 그러나 그 가치들이 정말 우리를 위한 것일까? 아니면 단지 우리가 속한 사회와 시대가 만들어낸 기준일 뿐일까? 니체는 기존의 가치가 특정 목적을 위해 형성되었으며, 반드시 개인에게 적합한 것은 아니라고 지적한다. 많은 경우, 이러한 가치들은 개인의 자율성을 억누르고 집단의 질서를 유지하기 위해 작동한다. 그렇다면 우리가 당연하게 받아들이는 도덕과 규범은 과연 누구를 위한 것인가? 그것은 개인의 자유를 보장하는가, 아니면 우리를 보이지 않는 틀에 가두는가?

✔ **우리는 어려서부터 사회적 규범과 도덕을 주입받으며, 그것**

을 절대적인 것으로 받아들인다.

→ 우리는 사회가 정해놓은 가치 체계를 의심 없이 받아들이지만, 그 기준이 정말로 우리에게 맞는 것인지 고민해본 적이 있는가?

✔ 니체는 기존의 가치가 반드시 우리를 위한 것이 아니라, 특정한 시대적·사회적 목적을 위해 만들어진 것임을 지적한다.

→ 도덕과 규범은 사회적 질서를 유지하고 특정한 집단에게 유리한 방향으로 형성된 것이다. 그것을 당연하게 받아들이는 것이 과연 옳은가?

✔ 그 가치는 우리가 원하는 삶을 보장하는가? 아니면 우리를 억압하는가?

→ 우리가 따르는 가치가 정말로 자유로운 삶을 위한 것인지, 아니면 우리를 제한하고 억압하는 도구일 뿐인지 스스로에게 물어야 한다.

기존의 가치를 그대로 따르는 것이 아니라, 그것을 성찰하고 재평가해야 한다. 지금 우리가 믿는 가치는 정말 우리 자신의 것인가? 당신이 따르는 가치는 당신이 선택한 것인가, 아니면 타인이 만들어준 것인가?

→ 우리들은 흔히 사회적 가치와 도덕을 자연스럽게 받아들이지만, 그것이 정말 나의 삶에 적합한지 고민해 보아야 한다. 니체는 기존 가치를 맹목적으로 따르는 것이 아니라, 그것을 의심하고 새로운 가치를 창조하는 것이야말로 자기 삶을 창조하는 길이라고 말한다. 당신은 지금 주어진 가치를 따르고 있는지, 아니면 스스로 선택한 삶을 살아가고 있는지 확인해야 한다.

니체적 삶이란?

기존의 가치를 거부하는 것이 자유라고 착각하지만, 단순한 부정만으로는 아무것도 창조할 수 없다. 파괴는 시작일 뿐, 그 자체로는 공허하다. 니체는 기존의 도덕과 규범을 해체하는 것이 끝이 아니라, 그 이후 무엇을 창조할 것인가가 더 중요하다고 강조한다. 진정한 자유는 단순한 거부에 있지 않다. 오히려 스스로 새로운 가치를 세우고, 그것을 삶 속에서 실천할 때 비로소 자유에 다가설 수 있다. 기존 가치를 부정하는 것만으로는 공허함만 남게 된다. 그렇다면 우리는 단순히 거부에 머물 것인가, 아니면 그 너머에서 자신만의 의미를 창조하며 새로운 길을 열 것인가?

✔ 니체는 기존 가치를 단순히 부정하는 데 그쳐서는 안 된다고 말한다.

→ 기존의 도덕과 가치 체계를 깨뜨리는 것만으로는 충분하지 않다. 만약 새로운 가치를 창조하지 않는다면, 우리는 결국 허무에 빠지고 만다.

✔ 기존의 도덕과 규범을 해체한 후, 그 빈자리에 자신만의 새로운 가치를 창조해야 한다.

→ 도덕이 무너진 자리는 공허로 남을 수도 있고, 새로운 의미로 채워질 수도 있다. 무엇을 선택할 것인가?

✔ 진정한 초인은 단순한 거부자가 아니라, 자기 삶의 의미를 창조하는 자이다.

→ 그는 사회가 부여한 가치가 사라진 후에도 흔들리지 않고, 자신의 기준을 스스로 세운다.

기존 가치가 해체된 후에도 우리는 새로운 의미를 창조할 준비가 되어 있는가? 아니면 허무 속에서 방황할 것인가? 기존의 가치가 사라진 후, 당신은 무엇을 선택할 것인가?

→ 기존 도덕이 해체된 후, 우리는 단순한 허무주의자가 될 수도 있고, 새로운 가치를 창조하는 자가 될 수도 있다. 니체는 우리가 주어진 가치에 의존하지 않고, 스스로 의미를 창조해야 한다고 강조한다. 당신은 지금 어떤 선택을 할 것인지 결정해야 한다. 허무속에서 허우적거리며 방황하지 말고, 자기 삶의 의미를 새롭게 창조해야만 한다.

삶의 의미를 스스로 창조하는 실천적 방법

우리들은 알게 모르게 타인의 기대에 맞춰 살아간다. 자신이 진정으로 원하는 삶이 따로 있음에도 불구하고, 사회의 기준과 타인의 시선을 의식하며 행동하는 순간, 우리는 점차 자기 삶을 잃어버리게 된다. 타인의 기대에 부응하면 일시적인 안정과 인정은 얻을 수 있지만, 그 대가로 스스로의 내면과 소중한 꿈을 외면하게 된다. 그러나 삶의 의미는 외부에서 주어지는 것이 아니라, 오직 스스로 창조해야만 비로소 진정한 자기 삶을 살 수 있다. 그렇다면 우리는 정말 우리 자신의 삶을 살고 있는가, 아니면 타인의 기대 속에서 길들여진 삶을 살아가며 그것을 스스로의 선택이라 착각하고 있는가?

✔ **타인의 기대에 맞춰 살아가는 것은 자기 삶을 잃어버리는 것과 같다.**

→ 자신이 원하는 삶을 포기하고, 남들이 옳다고 하는 길을 따라간다면, 그것이 과연 진정한 삶이라 할 수 있을까?

✔ 니체는 인간이 외부의 기준이 아닌, 자기 자신을 위한 삶을 살아야 한다고 강조한다.

→ 삶의 의미는 타인의 인정 속에서 찾는 것이 아니라, 자기 내면에서 만들어야 한다. 남이 정해준 틀 속에서 살면서도 그것이 자기 삶이라고 착각하지 않는가?

✔ 진정한 자유는 남의 평가에 흔들리지 않는 데서 시작된다.

→ 자유로운 삶은 사회적 기준을 거부하는 것만으로는 이루어지지 않는다. 그것을 넘어, 자기 자신이 삶의 주체가 되는 순간 비로소 시작된다.

대부분의 사람들은 스스로의 삶을 살고 있다고 믿지만, 정말로 우리의 기준대로 살고 있는가? 아니면 여전히 타인의 기대에 맞춰 움직이고 있는가?

→ 우리는 종종 자신이 선택한 삶을 살고 있다고 믿지만, 그것이 정말 자신의 기준에서 비롯된 것인지, 아니면 사회가 만들어놓은 틀 안에서 허용된 선택이었는지 고민해야 한다. 니체는 타인의 기대에서 벗어나 자기만의 기준을 세우고, 자기 삶을 창조하는 것이야말로 진정한 자유라고 말한다. 당신은 지금 진정한 자신의 삶을 살아야만 한다

자기 삶을 실험하라

우리는 안정과 익숙함 속에서 편안함을 느끼지만, 그 안에서 새로운 가능성은 쉽게 발견되지 않는다. 반복되는 일상에 갇혀

변화를 두려워하는 순간, 우리는 스스로를 정체시키고 성장의 기회를 잃게 된다. 익숙함은 안전함을 주지만, 동시에 도전과 성장을 막는 울타리가 되기도 한다. 니체는 삶을 하나의 실험으로 보고, 끊임없는 시도와 도전을 통해 자신을 초월해야 한다고 강조한다. 고통이나 실패를 두려워하지 말고, 그 속에서 배우며 자신을 새롭게 만들어야 한다는 것이다. 그렇다면 우리는 지금 안락함에 머물고 있는가, 아니면 더 높은 가능성을 향해 나아가고 있는가?

✔ 우리는 익숙한 것에 안주하려 하지만, 거기에는 새로운 가능성이 없다.

→ 우리가 늘 해오던 방식대로 살아간다면, 우리는 지금과 다를 바 없는 미래를 맞이할 것이다. 그 안에서 새로운 의미를 찾을 수 있을까?

✔ 니체는 삶을 하나의 실험으로 보고, 끊임없는 시도를 통해 새로운 의미를 발견해야 한다고 말한다.

→ 실패를 두려워하는 것이 아니라, 다양한 가능성을 탐색하는 과정 속에서 우리는 성장할 수 있다.

✔ 초인은 스스로를 시험하며, 자신이 설정한 한계를 뛰어넘는 자이다.

→ 그는 고정된 틀 안에서 안주하는 것이 아니라, 자신의 한계를 끊임없이 확장하며 더 높은 존재로 나아간다.

당신은 지금의 삶에 머물러 있을 것인가, 아니면 끊임없이 실험하며 새로운 가능성을 발견할 것인가?

→ 사람들은 안전한 길을 선택하며 변화의 필요성을 느끼면서도 주저한다. 니체는 삶을 실험하고, 그 과정에서 자신을 초월하는 것이야말로 진정한 성장이라고 말한다. 당신은 지금의 주어진 틀에 머물러 있지 말고, 자신의 가능성을 시험하며 창조적으로 살아야 한다.

고난과 시련을 성장의 계기로 삼아라

흔히 고난을 피해야 할 장애물로 여기지만, 그것이 정말 최선의 선택일까? 고통을 피하면 순간은 편안할 수 있지만, 그 대가로 중요한 배움과 성장을 잃게 된다. 삶은 본질적으로 불완전하며, 고통을 회피하는 순간 우리는 스스로를 정체시키고 더 나은 자신으로 나아갈 기회를 놓친다. 니체는 고통이 단순한 시련이 아니라, 인간을 더욱 강하게 만들고 내면을 단련시키는 필연적 과정이라고 강조한다. 고난을 통해 우리는 자신이 어디까지 견딜 수 있는지 깨닫고, 한계를 넘어설 용기를 얻는다. 그렇다면 우리는 고통을 두려워하며 피할 것인가, 아니면 그것을 성장의 기회로 받아들일 것인가?

✔ **니체는 고통을 단순한 시련으로 보지 않았다.**

→ 그는 고통을 피하려는 태도가 오히려 인간을 나약하게 만든다고 지적한다. 고통은 단순한 불행이 아니라, 우리를 단련시키고 더 강한 존재로 이끌어주는 힘이다.

✔ **고난은 인간을 단련시키고, 자기 극복의 기회를 제공하는**

필연적 과정이다.

→ 우리는 시련을 통해 자신이 가진 힘을 시험하고, 한계를 넘어설 수 있는 기회를 얻는다. 고난을 거부하는 것은 곧 성장의 가능성을 포기하는 것과 다름없다.

✔ 새로운 가치를 창조하는 자는 고통을 두려워하지 않고, 그것을 자기 성장의 기회로 삼는다.

→ 강한 자는 시련을 피하지 않는다. 그는 고난을 정면으로 마주하며, 그것을 통해 더 높은 존재로 나아간다.

당신은 고통을 피하고 있는가, 아니면 그것을 성장의 기회로 받아들이는가?

→ 사람들은 대부분 흔히 고난을 피하는 것이 현명하다고 생각하지만, 그것이 정말로 우리에게 도움이 되는건지는 생각해 볼 필요가 있다. 니체는 고통을 통해 더욱 강인해질 수 있다고 말한다. 당신은 고통을 두려워하며 회피하려고 하지말고 그것을 자기 극복의 계기로 삼아 진취적으로 살아야 한다.

허무주의를 넘어서

우리는 기존의 가치가 무너질 때 삶의 의미를 잃고 허무 속에서 방황할 위험에 처한다. 절대적 기준이 사라지면 혼란과 공허함이 밀려오지만, 니체는 이를 피하기보다 그 속에서 새로운 의미를 창조해야 한다고 강조한다. 허무는 끝이 아니라, 더 높은 가치를 만들어낼 기회다. 기존 가치가 무너질 때 우리는 스스로에게 물어야 한다. "나는 무엇을 위해 살아갈 것인가?"라는 질문은 새로운 삶의 기준을 세우게 한다. 그렇다면 우리는 허무에 무너질 것인가, 아니면 그것을 새로운 시작으로 삼을 것인가?

✔ 기존 가치가 해체되면, 허무주의에 빠질 위험이 있다.

→ 우리가 의존하던 가치들이 무너질 때, 삶은 의미 없는 것처럼 느껴진다. 그러나 과연 허무는 피해야만 하는 것인가?

✔ 그러나 니체는 허무를 두려워하지 말고, 그 공허 속에서 새로운 의미를 창조해야 한다고 말한다.

→ 허무를 극복하는 것은 과거의 가치를 다시 붙잡는 것이 아니라, 그 너머에서 자기만의 의미를 찾는 것이다.

✔ 진정한 초인은 허무를 극복하고, 자기만의 가치를 창조하는 존재이다.

→ 그는 허무를 절망으로 받아들이지 않고, 그 자리에 더 강한 가치를 세우는 자이다. 허무를 넘어설 용기가 있는가?

허무주의는 삶의 의미가 사라지는 순간이 아니라, 새로운 의미를 창조할 기회다. 우리는 허무를 두려워하며 피할 것인가, 아니면 그것을 넘어서 더 높은 가치를 찾을 것인가?

→ 허무를 부정하는 것은 곧 새로운 창조의 가능성을 거부하는 것이다. 니체는 기존 가치가 무너진 그 자리에 새로운 의미를 세우는 것이야말로 인간이 해야 할 일이라고 말한다. 허무속에서 허우적거리지 말고, 그것을 넘어서 자기만의 가치를 창조하라.

자기 존재를 긍정하라

삶을 피할 수 없는 것이라 여기며, 때로는 견뎌야 하는 것으로 받아들인다. 고통이나 시련 앞에서 참고 버티는 것이 미덕처럼 여겨지기도 한다. 그러나 삶이란 단순히 주어진 것을 감당하는 데 그치는 것이 아니라, 그 자체를 긍정하며 스스로 의미를 창조하는 과정이 되어야 하지 않는가? 니체는 진정한 긍정이란 단순한 수용이 아니라, 삶의 모든 순간을 적극적으로 사랑하고 포용하는 태도에서 비롯된다고 강조한다. 고통과 기쁨, 실패와 성공을 가리지 않고 모든 경험을 자기 삶의 일부로 받아들이는 것, 그것이 바로 삶을 사랑하는 법이다. 그렇다면 우리는 삶을 그저 견디며 살아가는가, 아니면 그 안에서 의미를 발견하고 새롭게 창조하고 있는가?

✔ **니체는 삶을 수동적으로 받아들이는 것이 아니라, 스스로 의미를 창조해야 한다고 보았다.**

→ 삶은 주어진 틀 안에서 수동적으로 살아가는 것이 아니라, 자기 의지를 통해 창조해야 하는 것이다.

✔ **삶을 긍정하는 것은 고통과 시련까지도 포함하여 사랑하는 태도에서 나온다.**

→ 단순한 만족이 아니라, 삶이 주는 모든 경험을 기꺼이 받아들이고 그것을 내 것으로 삼을 때, 우리는 비로소 온전한 긍정을 실천할 수 있다.

✔ **운명을 사랑하는 자만이, 삶을 능동적으로 창조할 수 있다.**

→ 자신의 운명을 거부하는 자는 삶의 흐름에 휩쓸릴 뿐이지만, 운명을 긍정하는 자는 그 안에서 새로운 가치를 만들어간다.

삶을 긍정하는 태도야말로, 자신의 운명을 창조하는 첫걸음이다. 우리는 삶을 정말로 사랑하고 있는가? 아니면 단지 견디고 있는가?

→ 우리는 흔히 삶을 피할 수 없는 현실로 받아들이지만, 그것이 진정한 긍정인지는 다시 되돌아 볼 필요가 있다. 니체는 고통을 포함한 모든 순간을 사랑할 때, 비로소 자기 삶을 창조할 수 있다고 말한다. 삶을 그저 감내하지 말고, 있는 그대로 사랑하라.

니체는 우리에게 이렇게 묻는다.

"그대는 자기 삶을 창조할 준비가 되었는가?"

🔆 니체에게 배우는 통찰

"""

"너의 삶을 창조하라. 타인의 그림자가 되지 말라."

📖 『차라투스트라는 이렇게 말했다』중에서

"""

니체는 인간이 단순히 기존의 도덕과 사회적 규범을 따르는 것이 아니라, 자기만의 가치를 창조해야 한다고 강조한다. 삶이란 주어진 것이 아니라, 스스로 의미를 부여하는 과정이다. 당신의 삶은 당신만의 것인가, 아니면 남이 만들어놓은 기준 속에서 살고 있는가?

"""

"가치를 창조하는 자만이 삶을 긍정할 수 있다."

📖 『도덕의 계보』중에서

"""

니체는 단순히 기존 가치를 부정하는 것만으로는 충분하지 않다고 보았다. 기존 도덕을 해체하는 것이 목적이 아니라, 그 자리에 새로운 의미를 창조하는 것이야말로 진정한 자유이다. 당신은 단순히 부정하는 자인가, 아니면 새로운 가치를 창조하는 자인가?

"

"삶은 창조다. 그리고 창조하는 자만이 주인이 된다."

📖 『우상의 황혼』중에서

"

니체는 우리가 단순히 주어진 환경에 반응하는 것이 아니라, 적극적으로 삶을 창조해야 한다고 말한다. 당신은 지금, 자기 삶의 주인이 되고 있는가?

새로운 가치를 창조하는 삶

우리는 태어나면서부터 사회가 만들어 놓은 가치와 규범 속에서 성장하지만, 그것이 반드시 옳은 것은 아니다. 니체는 타인의 기준에서 벗어나 자기 삶의 의미를 스스로 창조하는 것이야말로 인간이 해야 할 가장 중요한 실천이라고 강조한다. 더 이상 남이 만들어 놓은 틀 안에서 살 것인가, 아니면 스스로 가치를 창조하며 나아갈 것인가?

✔ 타인의 기준에서 벗어나, 자기만의 길을 가라

• 우리는 종종 사회가 정한 규범과 가치 속에서 살아가지만, 그것이 반드시 올바른 것은 아니다.

• 니체는 "너희 자신의 길을 가라. 그것이 너희만의 길이어야 한다."라고 말한다.

• 더 이상 타인의 기준에 맞춰 살지 말고, 자기 삶의 의미를 스스로 창조해야 한다.

- 당신이 따르는 가치는 정말 당신의 것인가? 아니면 남이 만들어 놓은 틀인가?

✔ 기존 도덕을 의심하고, 자신만의 가치관을 설정하라
- 도덕과 규범은 절대적인 것이 아니라, 특정한 시대적·사회적 맥락에서 형성된 것이다.
- 니체는 "노예의 도덕에서 벗어나, 너희 스스로 주인이 되어야 한다."라고 말한다.
- 기존의 가치가 나의 본능과 창조성을 억압하고 있는가?
- 단순히 기존의 도덕을 부정하는 것이 아니라, 자기만의 기준을 만들어 실천해야 한다.

✔ 자기 삶의 주인이 되어 능동적으로 살아라
- 우리는 종종 타인의 기대와 사회적 평가에 의해 자신의 삶을 결정한다.
- 니체는 "타인의 기대 속에서 사는 것은 자기 삶을 잃어버리는 것이다."라고 경고한다.
- 자기 삶의 방향을 결정하는 것은 타인이 아니라, 오직 자기 자신이어야 한다.
- 당신은 남이 원하는 삶을 살 것인가, 아니면 자기만의 신념과 목표를 설정하고 실천할 것인가?

✔ 자기 극복을 통해 더 강한 존재로 나아가라
- 현재 상태에 안주하는 것은 나약함의 표시다.
- 니체는 "너희 자신을 극복하고, 더 높은 존재로 나아가라."라

고 말한다.

- 진정한 자기 성장은 계속해서 도전하고 변화하는 과정에서 이루어진다.
- 두려움을 극복하고, 자기 스스로를 넘어서는 것이 강한 자의 태도다.

✔ 허무주의를 넘어서, 새로운 가치를 창조하라

- 기존 가치가 붕괴될 때, 우리는 허무주의에 빠질 수도 있다.
- 그러나 니체는 "허무를 두려워하지 말고, 새로운 가치를 창조하라."라고 강조한다.
- 허무는 끝이 아니라, 자기 삶의 의미를 새롭게 창조할 기회다.
- 더 이상 외부의 가치에 의존하지 말고, 자기 존재의 의미를 스스로 정의하라.

✔ 삶을 긍정하고, 자기 운명의 창조자가 되어라

- 삶을 단순히 견디는 것이 아니라, 적극적으로 개척해야 한다.
- 니체는 "운명을 사랑하라(Amor Fati). 그것이 강한 자의 태도이다."라고 말한다.
- 삶의 모든 순간을 온전히 긍정하고, 자신의 운명을 주체적으로 만들어야 한다.
- 당신의 삶은 당신의 것이어야 한다. 주어진 틀을 깨고, 자기만의 길을 가라.

9장

삶을 긍정하는 태도

삶을 긍정하는 법
(자기 자신과 삶을 온전히 받아들이는 태도)

삶을 긍정하는 것은 단순한 낙관주의가 아니다. 니체에게 삶의 긍정이란, 현실을 있는 그대로 받아들이고 그 안에서 자기 자신을 초월하는 적극적인 태도를 의미한다. 우리는 종종 과거의 실수를 후회하고, 다가오지 않은 미래를 걱정하며, 현재를 불완전하게 살아간다. 그러나 니체는 이런 태도가 삶을 부정하는 행위이며, 결국 무기력과 허무주의로 이어진다고 보았다. 그는 우리가 삶의 모든 순간을 필연적인 것으로 받아들이고, 그것을 온전히 사랑해야 한다고 강조한다.

삶을 긍정한다는 것은 운명을 받아들이는 것이 아니라, 운명을 사랑하는 것이다. 기쁨뿐만 아니라 고통과 시련까지도 자기 삶의 일부로 인정하고, 그것을 성장의 기회로 삼는 태도야말로 강자의 방식이다. 니체는 고통을 피하려는 태도가 인간을 나약하게 만든다고 보았으며, 오히려 고통을 통해 인간은 더 강한 존재로 거듭날 수 있다고 주장한다. 삶을 온전히 긍정하는 자만이 허무를 넘어 새로운 가치를 창조할 수 있다.

삶을 긍정하는 태도

과거를 후회하고 원망하는 것은 삶을 부정하는 태도이며 우리는 종종 '다시 돌아갈 수 있다면 다르게 살았을 텐데'라고 생각하지만, 니체는 과거를 부정하는 것이야말로 가장 무의미한 행동이라고 말한다. 지금의 우리는 과거의 모든 경험을 통해 형성된 존재다. 따라서 과거의 모든 순간을 포함해 현재를 받아들이고 긍정하는 것이야말로 삶을 살아가는 올바른 자세이다.

니체의 영원회귀 사상은 단순한 철학적 개념이 아니라, 우리가 순간을 살아가는 태도에 대한 질문이다. 만약 지금의 삶이 무한히 반복된다고 가정할 때, 우리는 그것을 긍정할 수 있는가? 진정한 삶의 긍정이란, 매 순간을 충실히 살아가고 후회 없는 선택을 하며, 어떤 상황에서도 자기 삶의 주인이 되는 것이다.

우리는 고난을 피하고 싶어 하지만, 니체는 고통이야말로 인간을 성장시키는 원동력이라고 보았다. 그는 **"나를 죽이지 못하는 것은 나를 더 강하게 만든다."** 라고 말하며, 모든 시련을 자기 극복의 기회로 삼을 것을 강조한다. 고통을 두려워하지 말고, 그것을 온전히 받아들이고 극복하는 순간, 우리는 더 강한 존재로 변화할 수 있다.

허무를 넘어, 삶을 창조하라

기존 가치가 무너질 때 우리는 허무주의에 빠질 위험이 있다. 하지만 니체는 허무를 단순한 절망이 아니라, 새로운 가치를 창조할 기회로 보았다. 삶을 긍정하는 자는 허무 속에서도 자신의 의미를 찾아내며, 스스로 삶을 창조하는 존재다.

니체는 우리가 단순히 주어진 삶을 살아가는 것이 아니라, 능동적으로 자기 삶을 만들어가야 한다고 강조한다. 삶을 긍정하는 것은 단순한 체념이 아니라, 매 순간을 의미 있게 채우고 자기만의 가치를 창조하는 과정이다. 기존 가치에 종속되지 않고, 자기 자신을 초월하며, 새로운 의미를 창조하는 자만이 삶을 온전히 긍정할 수 있다.

삶을 긍정하는 자만이 초인의 길로 나아간다

니체는 우리가 더 이상 타인의 기준에 얽매이지 않고, 자기 삶을 능동적으로 창조해야 한다고 강조한다. 과거를 후회하지 않고, 미래를 두려워하지 않으며, 현재를 충실히 살아가는 자만이 진정한 삶의 긍정을 실천할 수 있다. 그는 **"너 자신을 극복하고, 너의 운명을 사랑하라."** 라고 말하며, 허무를 넘어 새로운 가치를 창조하는 자만이 초인의 길을 걸을 수 있다고 보았다. 니체는 삶을 긍정하는 자만이 자기 존재를 창조하며, 진정한 삶의 주인이 될 수 있다고 말한다.

"그대는 지금 이 순간을 온전히 긍정할 수 있는가?"

이 질문에 '그렇다!'라고 답할 수 있는 자만이, 자신의 삶을 살아가는 존재다.

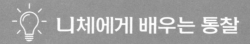

"

**"미래를 두려워하지 말라. 지금 이 순간을 살아라.
그것이 삶을 긍정하는 유일한 길이다."**

📖 『즐거운 학문』중에서

"

니체는 우리가 불확실한 세상 속에서도 자기 삶을 긍정하고, 운명을 사랑해야 한다고 강조한다. 그는 단순히 삶을 견디는 것이 아니라, 그 모든 순간을 온전히 자신의 일부로 받아들이는 것이야말로 진정한 긍정이라고 말한다. 삶은 예측할 수 없고, 고난과 시련은 피할 수 없다. 그러나 그것을 두려워하는 것이 아니라, 오히려 성장의 기회로 삼아야 한다.

"

"너의 삶을 다시 살아도 좋다고 말할 수 있는가?"

📖 『도덕의 계보』중에서

"

과거를 후회하며 살아간다면, 그것은 자기 삶을 부정하는 것과 다름없다. 니체는 우리가 과거를 원망하지 않고, 그것을 받아들이며 살아가야 한다고 말한다. 삶을 긍정하는 자는 후회하지 않는다. 그는 과거의 모든 순간이 지금의 자신을 만든 필연적인 과정임을 이해하고, 그것을 사랑한다.

───────────── " ─────────────

"과거를 버려라. 오직 지금만이 너의 것이다."

📖 『차라투스트라는 이렇게 말했다』중에서

───────────── " ─────────────

니체는 과거에 집착하는 것이 삶을 갉아먹는다고 경고한다. 우리는 지금 이 순간을 충실히 살아가고 있는가, 아니면 과거의 무게에 짓눌려 있는가?

자기 운명을 받아들이는 힘

(삶을 긍정하는 실천적 태도)

니체 철학에서 삶을 긍정하는 것은 단순히 현실을 감내하는 것이 아니다. 그는 인간이 자신의 삶을 능동적으로 받아들이고, 그속에서 의미를 창조해야 한다고 보았다. 운명을 받아들인다는 것은 체념이 아니라, 모든 경험을 자기 삶의 일부로 인정하고, 그것을 바탕으로 성장하는 태도를 의미한다.

우리는 종종 현실을 부정하며 더 나은 삶을 꿈꾸지만, 니체는 이런 태도가 삶을 약화시키는 원인이라고 지적한다. 그는 **"네가 처한 모든 조건을 사랑하라."** 라고 말하며, 삶의 모든 순간을 긍정할 것을 요구한다. 고난과 시련까지도 자기 존재의 일부로 받아들이는 자만이, 허무주의를 극복하고 새로운 가치를 창조할 수 있다.

많은 사람들은 과거의 실수를 후회하며 '그때 다른 선택을 했다면?'이라고 생각하지만, 니체는 이런 태도가 삶을 부정하는 것과 다름없다고 보았다. 우리는 과거의 모든 경험을 통해 지금의 우리가 되었으며, 그 모든 순간이 우리 존재를 형성하는 필연적인 과정이었다. 삶을 긍정하는 것은 후회하는 것이 아니라, 지나간 모든 순간을 온전히 받아들이는 것이다.

삶에는 기쁜 순간뿐만 아니라, 고통과 시련도 포함된다. 우리는 종종 어려움을 피하고, 불행을 부정하려 한다. 니체는 이러한 태도를 나약함이라고 보았으며 그는 우리가 삶의 모든 요소를 받아들일 때 비로소 강해질 수 있다고 말한다.

운명을 사랑하는 것은 단순한 인내가 아니라, 자신의 삶을 적극적으로 창조하는 과정이다. 니체는 단순히 현실을 받아들이는 것에서 멈추지 않으며 그는 우리가 주어진 조건을 능동적으로 변화시키고, 스스로 의미를 창조해야 한다고 보았다. 단순한 수용이 아니라, 운명을 자기 의지로 변화시키는 과정이 필요하다. 삶을 있는 그대로 받아들이되, 그 안에서 더 높은 존재로 나아가기 위해 노력해야 한다.

운명을 사랑하는 자는 단순히 현재를 받아들이는 것이 아니라, 그 속에서 자신만의 의미를 만들어가는 자다. 그는 현실을 원망하는 대신, 자신의 길을 찾고, 자기 삶을 창조한다.

삶을 긍정하는 태도란, 자신이 처한 현실을 적극적으로 받아들이고, 그 안에서 새로운 의미를 창조하는 것이다. 니체는 고통을 회피하는 것이 아니라, 그것을 통해 성장할 것을 요구한다. 시련을 두려워하는 자는 스스로를 나약하게 만들지만, 고난을 받아들이는 자는 그것을 자기 극복의 도구로 삼는다. 삶의 모든 순간을 긍정하는 태도는, 고난조차 자기 성장의 일부로 받아들이는 자세에서 시작된다. 삶을 긍정하는 자는 불행을 회피하려 하지 않는다. 그는 모든 순간을 자기 삶의 일부로 받아들이고, 그것을 통해 더 높은 존재로 나아간다.

니체는 우리에게 묻는다.

"그대는 지금의 삶을 다시 살아도 좋다고 말할 수 있는가?"

이 질문에 '그렇다!'라고 답할 수 있는 자만이, 자기 운명을 사랑하는 자다.

우리는 종종 더 나은 미래를 꿈꾸며 현재를 희생하지만, 니체는 이러한 태도가 삶을 소모하는 행위라고 보았으며 삶은 미래에 있는 것이 아니라, 지금 이 순간에 있다고 말한다. 삶을 긍정하는 것은 현재를 충실히 살아가는 것에서 시작된다.

니체는 미래에 대한 불안을 극복하고, 현재를 의미 있게 살아가는 태도를 요구한다. 허무주의에 빠지지 않는 자만이 자기 삶을 긍정하며, 운명을 스스로 개척할 수 있다.

기존 가치가 무너질 때, 우리는 허무주의에 빠질 위험이 있다. 그러나 니체는 허무를 두려워하지 말고, 그것을 새로운 가치를 창조하는 기회로 삼으라고 강조한다. 운명을 사랑하는 자만이, 허무를 극복하고 새로운 가치를 창조할 수 있다.

니체에게 배우는 통찰

> **"삶이 다시 반복된다면,**
> **너는 그것을 그대로 살아갈 용기가 있는가?"**
>
> 📖 『도덕의 계보』중에서

니체는 우리가 단순히 삶을 견디는 것이 아니라, 그 모든 순간을 온전히 자신의 것으로 받아들이고 창조해야 한다고 강조한다. 그는 운명을 사랑하는 것이 단순한 체념이 아니라, 삶을 능동적으로 긍정하고 의미를 부여하는 태도라고 보았다. 고통과 시련조차도 자기 성장의 일부로 받아들이는 것이야말로 삶을 긍정하는 첫걸음이다.

> **"과거를 후회하지 말라. 그것이 너를 만든 것이다."**
>
> 📖 『즐거운 학문』중에서

우리는 종종 과거의 실수를 후회하며 "다른 선택을 했다면 어땠을까?" 고민한다. 그러나 니체는 과거를 후회하는 것은 자기 삶을 부정하는 것이라고 보았으며 삶을 긍정하는 자는 과거를 원망하지 않고, 그것을 자신의 일부로 받아들이며 나아간다.

———— " ————

"모든 순간을 마지막인 것처럼 살아라."

📖 『우상의 황혼』중에서

———— " ————

니체는 우리가 순간을 허투루 보내지 말고, 최선을 다해 살아야 한다고 강조한다. 당신은 지금 이 순간을 온전히 살아가고 있는가?

운명을 넘어 삶을 창조하라

(자기 삶을 스스로 재설계하는 법)

니체는 단순히 삶을 받아들이는 것에서 그치는 것이 아니라, 그것을 창조적으로 변화시키는 것이야말로 진정한 삶의 긍정이라고 말한다. 운명을 사랑하는 것(Amor Fati)은 체념이 아니며 그것은 삶의 모든 순간을 온전히 받아들이고, 주어진 조건 속에서 자기만의 가치를 창조하는 능동적인 태도이다. 그는 **"운명을 받아들이는 것이 끝이 아니라, 창조하는 것이 시작이다."** 라고 말하며, 인간이 자기 삶의 설계자가 되어야 함을 강조한다.

많은 사람들은 자신의 운명을 수동적으로 받아들이고, 주어진 삶을 그저 견디며 살아간다. 현실을 바꾸려는 노력을 포기하고, 외부의 가치와 규범에 순응하는 삶을 선택한다. 그러나 니체는 이러한 태도를 강하게 비판하며, **"너희가 살아야 할 삶을 스스**

로 만들어라." 라고 선언한다. 운명은 그저 받아들이는 것이 아니라, 자기 방식으로 변화시키고 창조하는 것이다. 삶을 긍정하는 것은 단순한 수용이 아니라, 자기 존재를 능동적으로 개척하는 실천적 과정이다.

니체에게 삶이란 단순히 주어진 조건을 감내하는 것이 아니며 우리가 스스로 삶을 창조하는 존재가 되어야 한다고 말한다. 주어진 운명을 무조건 받아들이는 것은 약자의 태도이며, 진정한 강자는 자신의 운명을 자기 뜻대로 변화시키는 자이다. 삶을 긍정하는 것은 단순한 현실 수용이 아니라, 그 속에서 자기 가치를 창조하는 적극적인 과정이다.

운명을 사랑하는 자는 단순히 현실을 받아들이는 것이 아니라, 그 속에서 자신만의 길을 찾아간다. 그는 기존의 도덕과 사회적 규범에 얽매이지 않고, 자기만의 가치를 창조한다. 타인의 기준이 아닌, 자기 기준을 세우고 삶을 살아가는 것. 이것이야말로 운명을 능동적으로 받아들이는 태도다.

많은 사람들은 과거를 후회하며 '그때 다른 선택을 했더라면?' 이라고 생각하지만, 니체는 과거를 원망하는 것이야말로 삶을 부정하는 태도라고 보았고 **"네 과거를 사랑하라. 그것이 없다면 지금의 너도 없을 것이다."** 라고 말하며, 과거의 모든 경험을 자신의 일부로 받아들여야 한다고 강조한다. 삶을 긍정하는 태도란 실수를 후회하는 것이 아니라, 그것을 성장의 발판으로 삼는 것이다.

우리는 흔히 미래를 준비하느라 현재를 온전히 살지 못한다. 그러나 니체는 삶이란 먼 미래에 있는 것이 아니라, 바로 지금 이 순간에 있다고 보았으며 삶을 긍정하는 자는 과거에 얽매이지 않으며, 미래를 두려워하지 않는다고 말한다. 그는 **"네 삶을 다시 살아도 좋다고 말할 수 있는가?"** 라는 질문을 던지며, 우리가 순간순간을 온전히 살아가야 함을 강조한다. 삶을 창조하는 것은 나중이 아니라, 지금 여기에서 이루어지는 것이다.

많은 사람들은 불확실한 미래를 두려워하며 현실을 소홀히 하지만 니체는 미래는 우리가 창조하는 것이며, 두려움의 대상이 아니라 개척해야 할 가능성이라고 말한다. **"너의 운명을 사랑하라. 그리고 그것을 네 손으로 만들어가라."** 그는 운명이란 단순히 받아들이는 것이 아니라, 스스로 의미를 부여하고 변화시켜야 할 것이라고 주장한다.

니체는 고난과 시련을 피하는 것이 아니라, 그것을 통해 성장할 것을 요구한다. 어려움을 두려워하는 자는 나약한 존재로 머물지만, 시련을 받아들이는 자는 그것을 자기 극복의 도구로 삼는다. 삶의 모든 순간을 긍정하는 자만이, 고난을 통해 더 강한 존재로 거듭날 수 있다.

운명을 창조하는 자는 시련을 회피하지 않는다. 그는 모든 순간을 자기 삶의 일부로 받아들이고, 그것을 통해 더욱 강인한 존재가 된다.

니체는 우리에게 묻는다.

"그대는 지금의 삶을 다시 살아도 좋다고 말할 수 있는가?"

이 질문에 '그렇다!'라고 답할 수 있는 자만이, 자기 운명을 창조하는 존재다.

기존 가치가 무너질 때, 우리는 허무주의에 빠질 위험이 있다. 그러나 니체는 허무를 두려워하지 말고, 그것을 새로운 가치를 창조하는 기회로 삼으라고 강조한다. 삶을 긍정하는 자만이, 허무를 극복하고 새로운 가치를 창조할 수 있다.

"너 자신을 극복하고, 너의 운명을 창조하라!"

이것이 니체가 던지는 마지막 도전이다.

💡 니체에게 배우는 통찰

> "고난을 두려워하지 말라.
> 그것은 너를 더 강하게 만들 것이다."
>
> 📖 『권력에의 의지』중에서

니체는 삶을 긍정하는 것이 단순한 체념이 아니라 스스로의 운명을 창조하는 행위라고 강조한다. 그는 인간이 과거를 후회하거나 미래를 두려워하는 것이 아니라, 현재를 충실히 살아가며 모든 경험을 자신의 일부로 받아들이는 태도를 가져야 한다고 말한다.

> "너의 운명을 사랑하라.
> 그리고 그것을 네 힘으로 변화시켜라."
>
> 📖 『즐거운 학문』중에서

니체에게 운명을 사랑한다는 것은 단순한 수용이 아니라, 그것을 자신의 방식으로 창조하고 변화시키는 태도를 의미한다. 우리는 삶에서 마주하는 모든 순간을 온전히 받아들이되, 그것을 새로운 의미로 전환할 수 있어야 한다. 삶을 긍정하는 것은 과거를 후회하지 않는 것에서 시작하여, 현재를 충실히 살아가며, 미래를 두려워하지 않는 것까지 이어지는 실천적 태도이다.

삶은 불확실하다. 그러나 니체는 불확실성 속에서도 자기 신념을 세우고, 삶을 창조하는 힘을 기르는 것이야말로 진정한 삶의 긍정이라고 보았다. 삶을 긍정하는 자만이 허무를 넘어서 자신의 가치를 창조하고, 진정한 자유를 얻을 수 있다.

"

"운명은 피하는 것이 아니라, 만드는 것이다."

📖 『차라투스트라는 이렇게 말했다』중에서

"

니체는 우리가 수동적으로 운명을 받아들이는 것이 아니라, 적극적으로 자신의 운명을 만들어 가야 한다고 강조한다. 당신은 지금, 운명을 창조하고 있는가?

불확실한 세상에서 삶을 긍정하는 연습

니체는 불확실한 세계에서 삶을 긍정하는 것이야말로 인간이 해야 할 가장 중요한 실천이라고 말한다. 그는 운명을 받아들이되, 단순한 체념이 아니라 그것을 자신의 방식으로 변화시키고 창조하는 태도가 필요하다고 강조한다. 우리는 세상을 바꿀 수 없지만, 그것을 받아들이는 태도는 선택할 수 있다. 그렇다면, 우리는 어떻게 불확실한 삶을 긍정하며 살아갈 수 있을까?

✔ 운명을 사랑하라 - 현실을 창조적으로 개척하라

• 운명을 사랑한다는 것은 단순한 체념이 아니라. 능동적인 개척이다. 지금의 환경이 완벽할 것이라 기대하지 말고, 주어진 조건 속에서 최선을 찾는 연습을 하라.

• 현실을 불평하기보다, 하루 동안 현실 속에서 기회를 찾는 연습을 해보라.

💡 실천 과제: 오늘 하루 동안 불평을 3번 이하로 줄이고, 그

대신 해결책을 찾아 기록하라.'

•자신만의 길을 개척하는 첫 단계는 '나는 무엇을 원하는가?'라는 질문에 답하는 것이다.

💡 실천 과제: 1주일 동안 매일 아침 '나는 무엇을 원하는가?'를 적고, 그에 따라 작은 행동을 실천하라.

✔ 과거를 후회하지 말고, 성장의 자양분으로 삼아라

•과거는 바꿀 수 없지만, 그것을 해석하는 방식은 우리가 결정할 수 있다.

💡 실천 과제: 한 가지 후회되는 일을 떠올리고, 그것을 바꾸기 위해 할 수 있는 행동을 적어보라. 그 행동을 지금부터 실천해보라.

•실수를 원망하기보다, 그것이 나에게 남긴 배움을 기록하라.

💡 실천 과제: 일주일 동안 매일 자기 전에 오늘 내가 배운 것을 한 줄씩 적어보라.

• '네 삶을 다시 살아도 좋다고 말할 수 있는가?'라는 질문을 던지고, 그렇다고 대답할 수 있도록 오늘을 살아가라.

✔ 현재를 충실히 살고, 순간을 온전히 경험하라

• 우리는 종종 미래를 걱정하며 현재를 소홀히 한다. 그러나 니체는 현재를 사는 자만이 진정으로 삶을 긍정하는 자라고 강조한다.

• 미래를 두려워하지 말고, 지금을 살아라. 미래는 아직 오지 않았고, 과거는 이미 지나갔다. 온전히 가질 수 있는 것은 오직 지

금뿐이다.

- 순간을 창조적으로 채워라. 기다림이 아니라, 능동적으로 삶을 설계하는 태도를 가져야 한다.

✔ 자기 삶을 실험하고, 자기만의 길을 설정하라

- 기존 가치에 얽매이지 말라. 사회가 정한 기준과 관습이 반드시 나에게 맞는 것은 아니다.
- 삶을 실험의 장으로 삼아라. 니체는 삶을 하나의 실험이라고 보았다. 새로운 경험을 두려워하지 않고, 다양한 가능성을 탐구하는 것이야말로 자기 삶을 창조하는 방법이다.

✔ 고난과 시련을 성장의 기회로 삼아라

- 고통을 두려워하지 말라. 삶에는 불가피하게 시련과 고난이 따른다. 그러나 니체는 고통을 피하려는 태도가 오히려 인간을 나약하게 만든다고 보았다.
- 시련을 자기 극복의 도구로 활용하라. 고난을 겪는 것은 실패가 아니다. 오히려 그것은 우리가 더 강한 존재로 나아갈 수 있는 과정이다.

✔ 허무주의를 두려워하지 말고, 새로운 가치를 창조하라

- 기존 가치가 무너질 때, 새로운 가치를 창조하라. 니체는 허무주의를 단순한 절망이 아니라, 새로운 의미를 창조할 기회로 보았다.
- 허무를 극복하는 자가 새로운 길을 연다. 기존의 틀을 넘어, 자기만의 의미를 창조하는 것이야말로 삶을 능동적으로 긍정하

는 방법이다.

✔ 삶을 긍정하는 태도를 실천하며, 자기 자신을 초월하라

• 삶을 단순히 견디는 것이 아니라, 능동적으로 창조하라. 니체
는 우리가 타인의 기준이 아니라, 스스로 의미를 부여하고 자기
삶을 개척해야 한다고 강조한다.

• 자신을 초월하는 자만이 삶을 긍정할 수 있다. 삶을 긍정하는
것은 단순한 태도가 아니라, 끊임없는 실천이다.

에필로그

"삶의 진정한 변혁을 위하여"

" 삶의 변혁이란 무엇인가? "

우리는 변화를 원하면서도 쉽게 변하지 않는다. 익숙한 것에 머무는 것은 편안하지만, 그 안에 갇혀 있다면 결코 성장할 수 없다. 니체는 단순히 기존의 가치를 부정하는 것이 아니라, 스스로 새로운 의미를 창조하고 능동적으로 삶을 재구성하는 것이야말로 진정한 변혁이라고 말한다. 변혁은 단순한 변화가 아니라, 지금의 나를 넘어서는 과정이며, 더 높은 존재로 거듭나는 실천적 여정이다.

그러나 우리는 변화를 꿈꾸면서도, 변화 앞에서는 주저한다. 왜일까? 그것은 변혁이 단순히 기존 질서를 부수는 것이 아니라, 그 이후의 삶을 어떤 가치로 채울 것인가에 대한 책임이 따르기 때문이다. 익숙한 틀을 부수는 것은 어렵지 않다. 하지만 그 후에 무엇을 창조할 것인가? 우리가 진정으로 두려워하는 것은 낡은 것을 버리는 일이 아니라, 스스로 새로운 가치를 만들어야 하는 무거운 과제다.

니체는 운명애(Amor Fati), 즉 주어진 삶을 긍정하는 태도를 강조한다. 우리는 종종 뜻대로 되지 않는 현실 앞에서 좌절하고 고통을 원망한다. 그러나 니체에게 운명을 사랑하는 것은 단순한 체념이 아니다. 그것은 현실을 회피하지 않고, 그 속에서 자신의 길을 개척하는 능동적 태도를 의미한다. 삶이 던져준 조건을 거부하는 것이 아니라, 그것을 적극적으로 수용하고 오히려 기회로 삼는 것. 그것이 변혁의 핵심이다.

삶의 변혁은 또한 영원회귀(Ewige Wiederkehr)의 태도를 요구한다. 니체는 우리가 살아가는 이 순간이 영원히 반복된다고 가정했을 때, 과연 그것을 긍정할 수 있는가를 질문한다. 만약 같은 삶을 영원히 반복해야 한다면, 우리는 순간순간을 더 신중하고 충만하게 살아야 한다. 변혁이란 삶을 수동적으로 받아들이는 것이 아니라, 순간순간을 창조해 나가는 과정이다.

우리는 살아가면서 수많은 외부의 영향을 받는다. 사회적 기대, 가족의 바람, 주변 사람들의 시선. 그러나 니체는 이러한 외부적 요소에 의해 결정된 삶은 '진정한 삶'이 될 수 없다고 보았다. 진정한 변혁이란 자신이 원하는 삶을 창조하는 것이며, 그 과정에서 필연적으로 타인의 기준을 거스를 용기를 내야 한다.

결국, 우리는 선택해야 한다. 타인의 기준 속에서 안주하며 살아갈 것인가, 아니면 스스로 가치를 창조하며 능동적으로 살아갈 것인가? 기존의 가치들은 오랜 관습과 사회적 질서 속에서 절대적인 진리처럼 자리 잡았지만, 니체는 이를 '죽어가는 것들의 거짓말'이라 부른다. 더 이상 외부의 기준에 의존하지 않고 자신의 삶을 창조하는 순간, 우리는 비로소 온전한 자유를 얻는다.

변혁은 철학적 사유에서 끝나서는 안 된다. 그것은 실천 속에서 이루어져야 하며, 우리 삶에 깊이 스며들어야 한다. 우리는 삶을 견디는 것이 아니라, 그것을 창조해야 한다. 익숙한 틀을 깨뜨릴 용기를 가지고, 자신의 가치를 만들어가는 사람만이 허무와 나약함을 극복할 수 있다. 그리고 그 순간, 우리는 더 강하고 자유로운 존재로 거듭난다.

우리는 과거를 후회하거나, 미래를 두려워하는 것이 아니라, 지금 이 순간을 긍정해야 한다. 변혁은 언제나 먼 훗날 이루어질 목표가 아니라, 바로 지금 이 순간 실천해야 할 태도다. 우리의 삶은 우리가 만들어가는 것이며, 우리 스스로 선택할 때 비로소 온전해질 수 있다.

변혁은 단순한 변화가 아니다. 그것은 자신을 넘어서는 과정이며, 더 깊이 있는 삶을 창조하는 태도다. 우리는 익숙한 틀에서 벗어날 용기를 가질 수 있을까? 스스로의 삶을 창조하는 주체가 될 수 있을까? 바로 그 선택이, 우리가 변혁의 길을 걷고 있는가를 결정한다.

니체가 말하는,
버려야 할 것과 버텨야 할 것

초판 1쇄 발행   2025년 3월 10일
지은이   제이한 (J. Han)
발행인   박용범
펴낸곳   리프레시
출판등록   제 2015-000024호 (2015년 11월 19일)
주소   경기 의정부시 서광로 135, 405호
전화   031-876-9574
팩스   031-879-9574
이메일   mydtp@naver.com
편집책임   박용범
디자인   리프레시 디자인팀
마케팅   JH커뮤니케이션

ISBN 979-11-979516-6-4 (13190)